一书一课丛书

聚义水浒
跟着水浒学叙事

黄玉峰 主编
李金财 编著

上海科学技术文献出版社
Shanghai Scientific and Technological Literature Press

图书在版编目（CIP）数据

聚义水浒：跟着水浒学叙事 / 李金财编著 . —上海：上海科学技术文献出版社，2017
ISBN 978-7-5439-7483-8

Ⅰ.①聚… Ⅱ.①李… Ⅲ.①作文课—中学—教学参考资料　Ⅳ.① G634.343

中国版本图书馆 CIP 数据核字（2017）第 166650 号

选题策划：张　树
责任编辑：杨凯茹　于学松
封面设计：樱　桃

丛书名：一书一课丛书
书　　名：聚义水浒：跟着水浒学叙事
黄玉峰　主编　李金财　编著
出版发行：上海科学技术文献出版社
地　　址：上海市长乐路 746 号
邮政编码：200040
经　　销：全国新华书店
印　　刷：常熟市人民印刷有限公司
开　　本：720×1000　1/16
印　　张：6.75
字　　数：91 000
版　　次：2017 年 8 月第 1 版　2019 年 9 月第 2 次印刷
书　　号：ISBN 978-7-5439-7483-8
定　　价：18.00 元
http://www.sstlp.com

总序

让青少年读懂中国

黄玉峰

近年来在全国掀起的国学热、读经班,鱼龙混杂,传统文化教育急需确立一个适用的课程标准,有识之士、教育专家应该在这方面加强教育教学研讨,在新一轮教育改革中更为科学全面地呈现出传统文化教育的内容。

不过,民间的各种尝试,在我看来都是好事。毕竟,有人做这些尝试,比完全没有人理睬要好。多元化的尝试,也可以擦出很多火花,在相互取长补短的过程中,传统文化教育的策略就会越来越优化,朝着更为良性的方向发展。不管是港台经验,还是本土实践,只要能让青少年在这里读懂中国,深入学习传统文化,传承传统文化,就是一桩美事。

这几年,我们也一直在努力推动传统文化教育。在复旦附中青浦分校和复旦五浦汇学校,我们每年都会在孔子诞辰这一天举办一次隆重的中华传统文化巡礼活动;我们每年都会在年底举办一届"学校教育与君子养成"的大型研讨会,广邀社会各界人士,共商"君子养成"的盛举,取得了社会各界的大力支持。我想,传统文化教育的春天,很快就可以到来。

我们真正需要担心的是,当春天到来之时,我们是否已经做好了充分准备。我到全国各地参加过很多次传统文化教育的教研活动,我发现,我们的传统文化教育,严重缺乏师资!现在,能够把四书五经读懂、读通的老师太缺乏了,很多教师连《论语》《孟子》都没有完全读过,更何况先秦诸子百家学派呢?所以我觉得有志于长期从事语文教育事业的学子们,应该静下心来,好好读几部经典。

我的老朋友刘定一老师，是一位数学特级教师，退休以后把工作重心放在跨学科研究工作上，一心只读圣贤书，对《论语》的学术造诣很高，很快就会推出他的专著。他非常热衷于推动别人读《论语》，像钱穆先生一样，劝人读《论语》，让我们这些语文老师倍加钦佩！

虹口高级中学的彭钊老师，是我们名师基地的学员，近年来始终坚持带领自己的学生读《离骚》、背《离骚》，在传统文化教育的探索上，做出了别具一格的成就，值得广大中学教师学习。如果每位教师都可以结合自己的兴趣爱好，在传统文化教育的某一领域站稳脚跟，我相信，传统文化教育的春天就真的到来了。

这次由上海科学技术文献出版社策划出版的"一书一课"系列图书，一共六册，囊括了四大名著和《论语》《庄子》等经典著作，由王召强、王健瑶、耿荣、李金财、葛承程等老师精心编写。将这些经典改造为更适合于中学生学习的校本教材，这是一个很有创意的举动，颇符合整本书阅读的现代教育理念。希望这套书能够得到广大读者的喜欢，也希望能够得到各路专家的指导。

2017 年 7 月

目 录

总　序　// 001

上　篇

第一讲：描眉画眼最传神　// 003
第二讲：动作描写如亲见　// 007
第三讲：语言描写变化多　// 011
第四讲：神态心理紧关联　// 017
第五讲：见微知著看细节　// 023
第六讲：大笔勾勒有气魄　// 028
第七讲：对比衬托讲方法　// 032
第八讲：矛盾冲突见个性　// 039
第九讲：精选事例塑形象　// 043
第十讲：综合运用方自如　// 047

下　篇

第一讲：线索条理须清晰　// 053
第二讲：详略节奏善把握　// 057
第三讲：遣词造句有学问　// 061
第四讲：顺逆穿插要恰当　// 065
第五讲：布局谋篇巧构思　// 071

第六讲：伏笔照应设悬念　// 077

第七讲：情节波澜不喜平　// 082

第八讲：环境描写作用大　// 086

第九讲：人物描写添活力　// 092

第十讲：结尾收束有妙招　// 098

上 篇

第一讲：描眉画眼最传神

【技法要旨】

鲁迅先生说："要极省俭地画一个人的特点，最好是画他的眼睛。"在人物描写的过程中，人物外貌描写十分重要，而外貌描写中，对人物眉眼的刻画，是最最重要的。俗话说，眼睛是心灵的窗户，善于描画眼睛，就是打开了通向人物内心的窗户，立刻使被描绘的人物形象鲜活起来。

当然，人物外貌描写并不局限于眼睛，身材、体态、衣着、年龄特点等等，但凡可以表明人物身份、地位、职业、性格、兴趣爱好等特征的内容，皆可选择。描写的过程中，可以运用形象准确的词语，还可以运用恰当的修辞方法，例如比喻修辞，就是最常用的人物外貌描写方法。

需要注意的是，人物的外貌描写不是越详细越好，而是要恰到好处，有时需要详细描写，有时只要寥寥数笔勾勒，有时还要与其他人物描写方法综合运用。

【原著点析】

看那人时，似秀才打扮：戴一顶桶子样抹眉梁头巾，穿一领皂沿边麻布宽衫，腰系一条茶褐銮带，下面丝鞋净袜；生得**眉清目秀**，面白须长。这秀才乃是智多星吴用，表字学究，道号加亮先生，祖贯本乡人氏。

——节选自 第14回 赤发鬼醉卧灵官殿 晁天王认义东溪村

> 秀才就该眉清目秀。

聚义水浒：跟着水浒学叙事

  头戴一顶青纱抓角儿头巾，脑后两个白玉圈连珠鬓环。身穿一领单绿罗团花战袍，腰系一条双搭尾龟背银带。穿一对磕瓜头朝样皂靴，手中执一把折叠纸西川扇子。

  那官人生的**豹头环眼**，燕颔虎须，八尺长短身材，三十四五年纪，口里道："这个师父端的非凡，使的好器械！"

——节选自　第7回　花和尚倒拔垂杨柳　豹子头误入白虎堂

> 这就是林冲"豹子头"的由来。

  身躯凛凛，相貌堂堂。**一双眼光射寒星，两弯眉浑如刷漆**。胸脯横阔，有万夫难敌之威风；语话轩昂，吐千丈凌云之志气。心雄胆大，似撼天狮子下云端；骨健筋强，如摇地貔貅临座上。如同天上降魔主，真是人间太岁神。

——节选自　第23回　横海郡柴进留宾　景阳冈武松打虎

> 目光锐利的眼睛才配打虎英雄！
>
> 对偶句写出了打虎英雄的气势。
>
> 比喻修辞更增添了勇猛。

  <u>眼如丹凤，眉似卧蚕</u>。滴溜溜两耳垂珠，**明皎皎双睛点漆**。<u>唇方口正，髭须地阁轻盈；额阔顶平，皮肉天仓饱满</u>。坐定时浑如虎相，走动时有若狼形。年及三旬，<u>有养济万人之度量；身躯六尺，怀扫除四海之心机</u>。<u>上应星魁，感乾坤之秀气；下临凡世，聚山岳之降灵</u>。志气轩昂，胸襟秀丽。刀笔敢欺萧相国，声名不让孟尝君。

——节选自　第18回　美髯公智稳插翅虎　宋公明私放晁天王

> 宋江的眼睛让人联想到关羽的眼睛，平时不动声色，张开就要杀人。
>
> 划线处分别从哪些方面进行描写的？

  黑熊般一身粗肉，铁牛似遍体顽皮。**交加一字赤黄**

上 篇

眉，双眼赤丝乱系。怒发浑如铁刷，狰狞好似狻猊。天蓬恶煞下云梯。李逵真勇悍，人号铁牛儿。好酒易怒，双眼放红光，凶神恶煞。

——节选自 第38回 及时雨会神行太保 黑旋风斗浪里白条

【实战操练】

1. 根据下文外貌描写，猜猜描写的是哪位好汉。

头绾两枚鬅松双丫髻，身穿一领巴山短褐袍，腰系杂色彩丝绦，背上松纹古铜剑。白肉脚衬着多耳麻鞋，锦囊手拿着鳖壳扇子。八字眉、一双杏子眼，四方口，一部络腮胡。

——节选自 第15回 吴学究说三阮撞筹 公孙胜应七星聚义

目炯双瞳，眉分八字，身躯九尺如银。威风凛凛，仪表似天神。义胆忠肝贯日，吐虹蜺志气凌云。驰声誉，北京城内，元是富豪门。杀场临敌处，冲开万马，扫退千军。殚赤心报国，建立功勋。慷慨名扬宇宙，论英雄播满乾坤。

——节选自 第61回 吴用智赚玉麒麟 张顺夜闹金沙渡

骨软身躯健，眉浓眼目鲜。形容如怪族，行步似飞仙。夜静穿墙过，更深绕屋悬。

——节选自 第46回 病关索大闹翠屏山 拼命三火烧祝家庄

2. 仔细阅读下面的外貌描写，说出描写的具体内容和修辞方法，并推断其人性格如何。

眉粗眼大，胖面肥腰。插一头异样钗环，露两臂时兴钏镯。红裙六幅，浑如五月榴花。翠领数层，染就三春杨柳。有时怒起，提井栏便打老公头。忽地

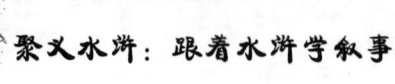

心焦,拿石碓敲翻庄客腿。生来不会拈针线,正是山中母大虫。

3. 根据你的想象,补出下文的外貌描写,并查找原文进行比较。

话分两头,却说关胜与同宣赞、郝思文引领五千军马接来,相近凌州。且说凌州太守接得东京调兵的敕旨,并蔡太师札付,便请兵马团练单廷圭、魏定国商议。二将受了札付,随即选点军兵,关领军器,拴束鞍马,整顿粮草,指日起行。忽闻报说:"蒲东大刀关胜引军到来,侵犯本州。"单廷圭、魏定国听得大怒,便收拾军马,出城迎敌。两军相近,旗鼓相望。门旗下关胜出马。那边阵内鼓声响处,圣水将军出马。怎生打扮?

_____

_____

_____

——节选自　第67回　宋江赏马步三军　关胜降水火二将

【拓展训练】

"画眼睛"游戏:仔细观察班级中的一个同学,从描绘他(她)的眼睛开始进行外貌描写,看看谁能用最准确的描写让同学们最快猜中。

第二讲：动作描写如亲见

【技法要旨】

动作描写是刻画人物的重要手段。

具体细致地描写某一人物在某一情况下的动作反应，需要找到准确的动词，要完整地描绘每一动作的前因后果，表现动作发生、发展乃至结束的过程，使读者获得如临其境、如见其人的印象。要充分表现出人物的动态，使人物在一系列动作中显露出独特的个性和内在的思想，进而使形象显得更加丰满、完整、立体化。

成功的动作描写，可以交代人物的身份、地位，可以反映人物心理活动的进程，可以表现人物的性格特征，有时候还能推动情节的发展。

当然，动作描写也不是越详细越好，而是要恰到好处。

【原著点析】

武松大踏步赶将出来。那个捣子径奔去报了蒋门神。蒋门神见说，吃了一惊，**踢翻**了交椅，**丢去**蝇拂子，便**钻**将来。武松却好迎着，正在大阔路上撞见。蒋门神虽然长大，近因酒色所迷，淘虚了身子，先自吃了那一惊，奔将来，那步不曾停住，怎地及得武松虎一般似健的人，又有心来算他。蒋门神见了武松，心里先欺他醉，只顾赶将入来。说时迟，那时快，武松先把两个拳头去蒋门神脸上**虚影一影**，忽地**转身便走**。蒋门神大怒，抢将来。

注意描写蒋门神动作的三个动词，表现出他惊慌失措。

武松先是虚晃一枪。

聚义水浒：跟着水浒学叙事

被武松一飞脚踢起，踢中蒋门神小腹上。双手按了，便蹲下去。武松一踅，踅将过来。那只右脚早踢起，直飞在蒋门神额角上，踢着正中，望后便倒。武松追入一步，踏住胸脯，提起这醋钵儿大小拳头，望蒋门神脸上便打。原来说过的打蒋门神扑手：先把拳头虚影一影，便转身，却先飞起左脚，踢中了，便转过身来，再飞起右脚。这一扑，有名唤做"玉环步，鸳鸯脚"。这是武松平生的真才实学，非同小可！打的蒋门神在地下叫饶。

——节选自　第29回　施恩重霸孟州道　武松醉打蒋门神

然后出其不意腿攻。

武松连续腿攻。

打倒以后用拳头进攻。

再用精练的语言交代"玉环步，鸳鸯脚"。

双枪将董平见了，心中暗忖："吾今新降宋江，若不显我些武艺，上山去必无光彩。"手提双枪，飞马出阵。张清看见，大骂董平："我和你邻近州府，唇齿之邦，共同灭贼，正当其理。你今缘何反背朝廷？岂不自羞！"董平大怒，直取张清。两马相交，军器并举。两条枪阵上交加，四双臂环中撩乱。约斗五七合，张清拨马便走。董平道："别人中你石子，怎近得我！"张清带住枪杆，去锦袋中摸出一个石子，手起处真如流星掣电，石子来吓得鬼哭神惊。董平眼明手快，拨过了石子。张清见打不着，再取第二个石子，又打将去，董平又闪过了。两个石子打不着，张清却早心慌。那马尾相衔，张清走到阵门左侧，董平望后心刺一枪来。张清一闪，镫里藏身，董平却搠了空，那条枪却搠将过来。董平的马和张清的马两厮并着。张清便撇了枪，双手把董平和枪连臂膊只一拖，却拖不动。两个搅做一块。

总写两人交战动作。

划线部分具体写了二人交战的动作，仔细梳理一下，看看是按照怎样的顺序写的？

宋江阵上索超望见，抡动大斧，便来解救。对阵龚旺、丁得孙两骑马齐出，截住索超厮杀。张清、董平又分拆不开。索超、龚旺、丁得孙三匹马搅做一团。林冲、花荣、吕方、郭盛四将，一齐尽出，两条枪、两枝戟来救董平、索超。张清见不是头，弃了董平，跑马入阵。董平不舍，直撞入去，却忘了提备石子。张清见董平追来，暗藏石子在手，待他马近，喝声道："着！"董平急躲，那石子抹耳根上擦过去了。董平便回。索超撇了龚旺、丁得孙，也赶入阵来。张清停住枪，轻取石子，望索超打来。索超急躲不迭，打在脸上。鲜血迸流，提斧回阵。

　　却说林冲、花荣把龚旺截住在一边，吕方、郭盛把丁得孙也截住在一边。龚旺心慌，便把飞枪__将来，却__不着花荣、林冲。龚旺先没了军器，被林冲、花荣活__归阵。这边丁得孙舞动飞叉，死命抵敌吕方、郭盛，不提防浪子燕青在阵门里看见，暗忖道："我这里被他片时连打了一十五员大将！"手中__杆棒，身边__弩弓，__上弦，__一箭去，一声响，正中了丁得孙马蹄，那马便倒，却被吕方、郭盛捉过阵来。张清要来救时，寡不敌众，只得拿了刘唐，且回东昌府去。太守在城上看见张清前后打了梁山泊一十五员大将，虽然折了龚旺、丁得孙，也拿得这个刘唐。回到州衙，先把刘唐长枷送狱，却再商议。

　　——节选自　第70回　没羽箭飞石打英雄　宋公明弃粮擒壮士

> 这一部分写两军的混战，场面十分混乱，看看作者是怎样安排动作描写的先后顺序的。是否有重复，找出相同和不同之处进行分析。

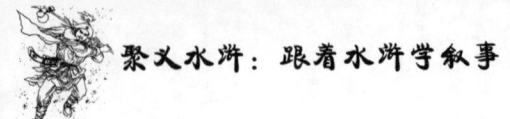

【实战操练】

1. 抓住本段对没羽箭张清动作描写的词语，分析张清的性格和当时的心理。

2. 根据上下文，把最后一段选文空白处省去的动词补上。

3. 下文选自第43回"假李逵剪径劫单人　黑旋风沂岭杀四虎"，发挥想象，描写李逵杀虎的场景，特别要注意动作描写。

李逵叫娘吃水，杳无踪迹，叫了几声不应。李逵定住眼，四下里看时，寻不见娘。走不得三十余步，只见草地上一段血迹。李逵见了，心里越疑惑。趁着那血迹寻将去。寻到一处大洞口，只见两个小虎儿在那里舐一条人腿。李逵心里忖道："我从梁山泊归来，特为老娘来取他。千辛万苦背到这里，却把来与你吃了！那鸟大虫拖着这条人腿，不是我娘的是谁的！"心头火起——

【拓展训练】

观察你的一位任课老师，他（她）在上课时有哪些与众不同的动作？这些动作能否反映其性格特征？或者在某种情境下，他（她）有怎样的反应？观察后记录下来。

第三讲：语言描写变化多

【技法要旨】

语言描写是写人最常用的手法。俗话说：什么人说什么话。人物的语言要体现人物的身份、地位、职业、性格特征等。在特定场景中的对话描写，还要符合当时的实际情况，要反映矛盾冲突、人物心理活动等，连续的对话还是推动情节发展的重要手段。

我们在写人的时候，大多都会用到语言描写，但是往往不懂怎样运用，拉拉杂杂地写了很多，却并没有收到塑造人物形象的效果。正确的语言描写，应该兼顾生活的真实和艺术的真实，要有所选择，往往是截取生活真实的片段，即最精彩，最能体现人物性格、身份、地位、心理等特征的语言（进行描写）。

当然，塑造的人物不同，其语言特点就不同；在不同的场景中，同一人的语言表达也会不同；人物心情不同，语言表达也会不同……可以说，语言描写看似最简单，实则最复杂，千变万化。

【原著点析】

李逵看着宋江问戴宗道："哥哥，这黑汉子是谁？"戴宗对宋江笑道："押司，你看这厮怎么粗鲁，全不识些体面！"李逵便道："我问大哥，怎地是粗鲁？"戴宗："兄弟，你便请问'这位官人是谁'便好，你倒却说'这黑汉子是谁'，这不是粗鲁，却是甚么？我且与你说知，这位仁兄便是闲常你要去投奔他的义士哥哥。"李逵道：

当面叫宋江"黑汉子"，李逵的粗鲁、直爽跃然纸上。

戴宗在教李逵怎样说话才得体，但是试想假如黑李逵这样说话，还是李逵么？

聚义水浒：跟着水浒学叙事

"莫不是山东及时雨黑宋江？"戴宗喝道："咄！你这厮敢如此犯上，直言叫唤，全不识些高低！兀自不快下拜，等几时！"李逵道："若真个是宋公明，我便下拜。若是闲人，我却拜甚鸟。节级哥哥不要瞒我拜了，你却笑我。"宋江便道："我正是山东黑宋江。"李逵拍手叫道："我那爷！你何不早说些个，也教铁牛欢喜！"扑翻身躯便拜。

——节选自 第38回 及时雨会神行太保 黑旋风斗浪里白条

还在称呼"黑宋江"，说明李逵是教不会的，粗鲁直爽才是其本色。戴宗的斥责恰恰体现出其人的精细、善于言辞，这正是一个情报工作者的基本素质。

简直一片天真！像个孩子。这是李逵可爱的一面。

　　宋江大醉，叫取纸笔来，一时乘着酒兴，作《满江红》一词。写毕，令乐和单唱这首词曲。道是：

　　"喜遇重阳，更佳酿今朝新熟。见碧水丹山，黄芦苦竹。头上尽教添白发，鬓边不可无黄菊。愿樽前长叙弟兄情，如金玉。统豺虎，御边幅。号令明，军威肃。中心愿，平虏保民安国。日月常悬忠烈胆，风尘障却奸邪目。望天王降诏早招安，心方足。"

　　乐和唱这个词，正唱到"望天王降诏早招安"，只见武松叫道："今日也要招安，明日也要招安，冷了弟兄们的心！"黑旋风便睁圆怪眼，大叫道："招安，招安！招甚鸟安！"只一脚，把桌子踢起，攧做粉碎。宋江大喝道："这黑厮怎敢如此无礼！左右与我推去，斩讫报来！"众人都跪下告道："这人酒后发狂。哥哥宽恕！"宋江答道："众贤弟且起，把这厮暂且监下。"众人皆喜。有几个当刑小校，向前来请李逵。李逵道："你怕我敢挣扎？哥哥剐我也不怨，杀我也不恨。除了他，天也不

武松说话直接，体现其耿直性格；但是在努力克制，体现他的沉稳内敛。同样的意思，李逵说来，完全不顾忌，其粗豪暴躁性格由此可见。

李逵对宋江的忠诚又从这句话里体现。

上 篇

怕！"说了，便随着小校去监房里睡。

——节选自 第71回 忠义堂石碣受天文 梁山泊英雄排座次

萧让却才读罢，宋江已下皆有怒色。只见黑旋风李逵从梁上跳将下来，就萧让手里夺过诏书，扯得粉碎，便来揪住陈太尉，拽拳便打。此时宋江、卢俊义大横身抱住，那里肯放他下手。恰才解拆得开，李虞候唱道："这厮是甚么人？敢如此大胆！"李逵正没寻人打处，劈头揪住李虞候便打，喝道："写来的诏书是谁说的话？"张干办道："这是皇帝圣旨。"李逵道："你那皇帝正不知我这里众好汉，来招安老爷们，倒要做大！你的皇帝姓宋，我的哥哥也姓宋，你做得皇帝，偏我哥哥做不得皇帝！你莫要来恼犯着黑爹爹，好歹把你那写诏的官员尽都杀了！"众人都来解劝，把黑旋风推下堂去。宋江道："太尉且宽心，休想有半星儿差池。且取御酒教众人沾恩。"随即取过一副嵌宝金花锺，令裴宣取一瓶御酒，倾在银酒海内看时，却是村醪白酒。再将九瓶都打开倾在酒海内，却是一般的淡薄村醪。众人见了，尽都骇然，一个个都走下堂去了。鲁智深提着铁禅杖，高声叫骂："入娘撮鸟，忒杀是欺负人！把水酒做御酒来哄俺们吃！"赤发鬼刘唐也挺着朴刀杀上来，行者武松掣出双戒刀，没遮拦穆弘、九纹龙史进一齐发作。六个水军头领都骂下关去了。

——节选自 第75回 活阎罗倒船偷御酒 黑旋风扯诏谤徽宗

> 这样大逆不道的话，也只有天不怕地不怕的李逵才说得出来。而且此时李逵出面，恰到好处。

> 同样是骂，鲁智深的骂有理有据，体现其粗中有细。

聚义水浒：跟着水浒学叙事

【实战操练】

1. 以下是宋江临死前骗李逵吃药酒，毒死李逵的一番对话。反复阅读，分析二人的性格和心理。

且说黑旋风李逵自到润州为都统制，只是心中闷倦，与众终日饮酒，只爱贪杯。听得楚州宋安抚差人到来有请，李逵道："哥哥取我，必有话说。"便同干人下了船，直到楚州，径入州治拜见。宋江道："兄弟，自从分散之后，日夜只是想念众人。吴用军师，武胜军又远。花知寨在应天府，又不知消耗。只有兄弟在润州镇江较近，特请你来商量一件大事。"李逵道："哥哥，甚么大事？"宋江道："你且饮酒。"宋江请进后厅，见成杯盘，随即管待李逵，吃了半晌酒食。将至半酣，宋江便道："贤弟不知，我听得朝廷差人赍药酒来赐予我吃。如死，却是怎的好？"李逵大叫一声："哥哥，反了罢！"宋江道："兄弟，军马尽都没了，兄弟们又各分散，如何反得成？"李逵道："我镇江有三千军马，哥哥这里楚州军马，尽点起来，并这百姓都尽数起去，并气力招军买马，杀将去。只是再上梁山泊倒快活，强似在这奸臣们手下受气！"宋江道："兄弟且慢着，再有计较。"不想昨日那接风酒内，已下了慢药。当夜，李逵饮酒了。

次日，具舟相送。李逵道："哥哥，几时起义兵？我那里也起军来接应。"宋江道："兄弟，你休怪我！前日朝廷差天使赐药酒与我服了，死在旦夕。我为人一世，只主张忠义二字，不肯半点欺心。今日朝廷赐死无辜，宁可朝廷负我，我忠心不负朝廷。我死之后，恐怕你造反，坏了我梁山泊替天行道忠义之名，因此请将你来，相见一面。昨日酒中已与了你慢药服了，回至润州必死。你死之后，可来此处楚州南门外，有个蓼儿洼，风景尽与梁山泊无异，和你阴魂相聚。我死之后，尸首定葬于此处，我已看定了也！"言讫，坠泪如雨。李

上 篇

逵见说，亦垂泪道："罢，罢，罢！生时服侍哥哥，死了也只是哥哥部下一个小鬼。"言讫，泪下。便觉道身体有些沉重。当时洒泪，拜别了宋江下船。回到润州，果然药发身死。

李逵临死之时，付嘱从人："我死了，可千万将我灵柩，去楚州南门外蓼儿洼，和哥哥一处埋葬。"嘱罢而死。

——节选自　第120回　宋公明神聚蓼儿洼　徽宗帝梦游梁山泊

宋江：

李逵：

2. 以下又是一段李逵的话，认真阅读，看看你对他是否有新认识。

且说燕青向前道："哥哥听禀一路上备细。他在东京城外客店里跳将出来，拿着双斧，要去劈门。被我一交撷翻，拖将起来，说与他：'哥哥已自去了，独自一个风甚么？'恰才信小弟说。不敢从大路走，他又没了头巾，把头发绾做两个丫髻。正来到四柳村狄太公庄上，他去做法官捉鬼，正拿了他女儿并奸夫两个，都剁做肉酱。后来却从大路西边上山，他定要大宽转。将近荆门镇，当日天晚了，便去刘太公庄上投宿。只听得太公两口儿一夜啼哭，他睡不着，巴得天明，起去问他。刘太公说道：两日前梁山泊宋江，和一个年纪小的后生，骑着两匹马，来庄上来。老儿听得说是替天行道的人，因此叫这十八岁的女儿出来把酒，吃到半夜，两个把他女儿夺了去。李逵大哥听了这话，便道是实。我再三解说道：'俺哥哥不是这般人。多有依草附木，假名托姓的，在

外头胡做。'李大哥道：'我见他在东京时，兀自恋着唱的李师师，不肯放。不是他是谁？'因此来发作。"宋江听罢，便道："这般屈事，怎地得知！如何不说？"李逵道："我闲常把你做好汉，你原来却是畜生！你做得这等好事！"宋江喝道："你且听我说：我和三二千军马回来，两匹马落路时，须瞒不得众人。若还抢得一个妇人，必然只在寨里。你却去我房里搜看！"李逵道："哥哥，你说甚么鸟闲话！山寨里都是你手下的人，护你的多，那里不藏过了。我当初敬你是个不贪色欲的好汉，你原正是酒色之徒。杀了阎婆惜便是小样，去东京养李师师便是大样。你不要赖，早早把女儿送还老刘，倒有个商量。你若不把女儿还他时，我早做早杀了你，晚做晚杀了你。"

——节选自　第73回　黑旋风乔捉鬼　梁山泊双献头

3. 选文中还有一些次要人物的语言描写，试选择一个人物，分析他的语言是否符合其身份、地位，是否与他们的遭遇吻合。

【拓展训练】

仔细观察同学们课间休息时的对话活动，把场景记录下来，特别要注意不同人物的语言有什么特点。

第四讲：神态心理紧关联

【技法要旨】

一颦一笑，喜怒哀乐，人物的神态描写最细腻传神。

神态描写，专指面部表情的描写，主要是眼神的变化、嘴巴的开合牵动、面部的紧张与松弛等。神态描写的笔墨一般不多，但是要求准确、传神，往往寥寥数笔即可。神态的变化，与人物心理的活动紧密关联，通过神态变化，就可以准确地把握人物内心世界。

神态描写往往与人物的外貌描写结合在一起，也常常与语言和动作描写紧密联系，这些外在的动态变化综合起来，就能较好地反映人物心理活动、性格特点等等。

【原著点析】

恰才饮得三杯，只见女使锦儿**慌慌急急**，**红了脸**，在墙缺边叫道："官人，休要坐地！娘子在庙中和人合口！"林冲**连忙**问道："在那里？"锦儿道："正在五岳楼下来，撞见个诈奸不及的，把娘子拦住了，不肯放。"林冲**慌忙**道："却再来望师兄，休怪，休怪！"林冲别了智深，急跳过墙缺，和锦儿径奔岳庙里来。抢到五岳楼看时，见了数个人拿着弹弓、吹筒、粘竿，都立在栏杆边。胡梯上一个年小的后生，独自背立着，把林冲的娘子拦

> 锦儿的神态，反映其内心的慌张，恰好与她接下来的语言契合。

聚义水浒：跟着水浒学叙事

着道："你且上楼去，和你说话。"林冲娘子红了脸道："清平世界，是何道理，把良人调戏！"林冲赶到跟前，把那后生肩胛只一扳过来，喝道："调戏良人妻子，当得何罪！"恰待下拳打时，认的是本管高太尉螟蛉之子高衙内。原来高俅新发迹，不曾有亲儿，无人帮助，因此过房这高阿叔高三郎儿子在房内为子。本是叔伯弟兄，却与他做干儿子，因此高太尉爱惜他。那厮在东京倚势豪强，专一爱淫垢人家妻女。京师人惧怕他权势，谁敢与他争口，叫他做花花太岁。

当时林冲扳将过来，却认得是本管高衙内，**先自手软了**。高衙内说道："林冲，干你甚事，你来多管？"原来高衙内不认得他是林冲的娘子，若还认得时，也没这场事。见林冲不动手，他发这话。众多闲汉见闹，一齐拢来劝道："教头休怪，衙内不认的，多有冲撞。"林冲**怒气未消，一双眼睁着瞅**那高衙内，众闲汉劝了林冲，和哄高衙内出庙上马去了。

——节选自　第7回　花和尚倒拔垂杨柳　豹子头误入白虎堂

此一段林冲的神态描写非常少，只用"连忙""慌忙"两个词，这是因为林冲的性格隐忍内敛，往往喜怒不行于色。但是如果结合了他的一连串动作，其内心的焦急和愤怒则呼之欲出。

两个一同出到巷口酒店里坐下，叫量酒人打两角酒来。何九叔起身道："小人不曾与都头接风，何故反扰？"武松道："且坐。"何九叔心里已猜八九分。量酒人一面筛酒，武松**便不开口**，且只顾吃酒。何九叔见他不作声，**倒捏两把汗**，却把些话来撩他。武松也不开言，并不把话来提起。酒已数杯，只见武松揭起衣裳，飕地掣出把尖刀来插在桌子上。量酒的都惊得呆了，那里肯

武松"不开口""只顾吃酒"，这一神态动作最吓人。何九叔的神态"倒捏两把汗""面色青黄，不敢吐气"正好与武松互相映衬。

近前看。何九叔**面色青黄，不敢吐气**。武松捋起双袖，握着尖刀，对何九叔道："小子粗疏，还晓得冤各有头，债各有主。你休惊怕，只要实说，对我一一说知武大死的缘故，便不干涉你。我若伤了你，不是好汉。倘若有半句儿差错，我这口刀，立定教你身上添三四百个透明的窟窿！闲言不道，你只直说，我哥哥死的尸首，是怎地模样？"武松道罢，一双手按住胈膝，**两只眼睁得圆彪彪地看着**。

——节选自　第26回　偷骨殖何九叔送丧　供人头武二郎设祭

> 何九叔的神态描写逼真，变颜变色，大气不敢出一口。

> 武松"两只眼睁得圆彪彪"，神态真是令人胆寒，哪里还敢说假话！

杨志**闷闷不已**，回到客店中，思量："王伦劝俺，也见得是，只为洒家清白姓字，不肯将父母遗体来点污了。指望把一身本事，边庭上一枪一刀，博个封妻荫子，也与祖宗争口气。不想又吃这一闪！高太尉，你忒毒害，恁地克剥！"心中烦恼了一回，在客店里又住了几日，盘缠都使尽了。杨志寻思道："却是怎地好！只有祖上留下这口宝刀，从来跟着洒家，如今事急无措，只得拿去街上货卖得千百贯钱钞，好做盘缠，投往他处安身。"当日将了宝刀，插了草标儿，上市去卖。

——节选自　第12回　梁山泊林冲落草　汴京城杨志卖刀

> "闷闷不已"寥寥四字，就把杨志的神态刻画得透纸而出。
> 再辅之以两段心理描写（内心独白），就把一个落魄英雄的形象勾勒出来了。

【实战操练】

1. 阅读下面选文，找出主要人物的神态描写，并分析其内心活动。

且说山寨里宰了两头黄牛、十个羊、五个猪，大吹大擂筵席。众头领饮

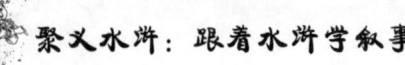

酒中间，晁盖把胸中之事，从头至尾都告诉王伦等众位。王伦听罢，骇然了半晌，心内踌躇，作声不得。自己沉吟，虚应答筵宴。至晚席散，众头领送晁盖等众人关下客馆内安歇，自有来的人服侍。晁盖心中欢喜，对吴用等六人说道："我们造下这等弥天大罪，那里去安身！不是这王头领如此错爱，我等皆已失所，此恩不可忘报！"吴用只是冷笑。晁盖道："先生何故只是冷笑？有事可以通知。"吴用道："兄长性直，你道王伦肯收留我们？兄长不看他的心，只观他的颜色，动静规模。"晁盖道："观他颜色怎地？"吴用道："兄长不看他早间席上，王伦与兄长说话，倒有交情。次后因兄长说出杀了许多官兵捕盗巡检，放了何涛，阮氏三雄如此豪杰，他便有些颜色变了，虽是口中应答，动静规模，心里好生不然。若是他有心收留我们，只就早上便议定了座位。杜迁、宋万这两个，自是粗鲁的人，待客之事如何省得。只有林冲那人，原是京师禁军教头，大郡的人，诸事晓得，今不得已而坐了第四位。早间见林冲看王伦答应兄长模样，他自便有些不平之气，频频把眼瞅这王伦，心内自己踌躇。我看这人倒有顾眄之心，只是不得已。小生略放片言，教他本寨自相火并。"晁盖道："全仗先生妙策良谋，可以容身。"当夜七人安歇了。

——节选自　第19回　林冲水寨大并火　晁盖梁山小夺泊

王伦：

晁盖：

吴用：

2. 根据上下文，在选文中空白处填上恰当的神态描写。

说言未了，只见林冲_____，坐在交椅上大喝道："你前番我上山来时，也推道粮少房稀。今日晁兄与众豪杰到此山寨，你又发出这等言语来。是何道理？"吴用便说道："头领息怒！自是我等来的不是，倒坏了你山寨情分。今日王头领以礼发付我们下山，送与盘缠，又不曾热赶将去。请头领息怒，我等自去罢休。"林冲道："这是笑里藏刀，言清行浊的人！我其实今日放他不过！"王伦喝道："你看这畜生！又不醉了，倒把言语来伤触我，却不是反失上下！"林冲_____道："量你是个落第腐儒，胸中又没文学，怎做得山寨之主！"吴用便道："晁兄，只因我等上山相投，反坏了头领面皮。只今办了船只，便当告退。"

晁盖等七人便起身要下亭子，王伦留道："且请席终了去。"林冲把桌子只一脚，踢在一边，抢起身来，衣襟底下掣出一把明晃晃的刀来，搦的火咂咂。吴用便把手将髭须一摸，晁盖、刘唐便上亭子来，虚拦住王伦，叫道："不要火并！"吴用一手扯住林冲，便道："头领不可造次！"公孙胜假意劝道："休为我等坏了大义！"阮小二便去帮住杜迁，阮小五帮住宋万，阮小七帮住朱贵。吓得小喽啰们_____。

林冲拿住王伦，骂道："你是一个村野穷儒，亏了杜迁得到这里。柴大官人这等资助你，赒给盘缠，与你相交，举荐我来，尚且许多推却。今日众豪杰特来相聚，又要发付他下山去。这梁山泊便是你的？你这嫉贤妒能的贼，不杀了要你何用！你也无大量之才，也做不得山寨之主！"杜迁、宋万、朱贵本待要向前来劝，被这几个紧紧帮着，那里敢动。王伦那时也要寻路走，却被晁盖、刘唐两个拦住。王伦见头势不好，口里叫道："我的心腹都在那里？"虽有几个身边知心腹的人，本待要来救，见了林冲这般凶猛头势，谁敢向前。林冲拿住王伦，骂了一顿，去心窝里只一刀，肐察地搠倒在亭上。可怜王伦做了半

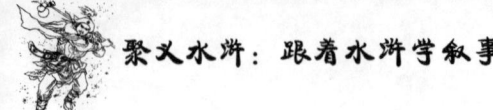

世强人,今日死在林冲之手。

——节选自　第19回　林冲水寨大并火　晁盖梁山小夺泊

3. 上文缺少对王伦的神态描写,如果请你加上恰当的神态描写,你会加在何处?怎样加?

【拓展训练】

课堂上,回答问题的学生神态各异,仔细观察,描写几个不同的学生形象。

第五讲：见微知著看细节

【技法要旨】

人物细节的描写，是与其他描写结合在一起的，并不存在单独的细节描写。

细节描写角度很多：外貌细节、神态细节、语言细节、动作细节等，抓住一方面或几个方面进行描写，往往能收到以小见大，见微知著的艺术效果。

【原著点析】

晁盖去推开门，打一看时，只见高高吊起那汉子在里面，露出一身黑肉，下面抓扎起两条黑魆魆毛腿，赤着一双脚。晁盖把灯照那人脸时，紫黑阔脸，**鬓边一搭朱砂记，上面生一片黑黄毛**。晁盖便问道："汉子，你是那里人？我村中不曾见有你。"那汉道："小人是远乡客人，来这里投奔一个人，却把我来拿做贼，我须有分辨处。"

> 肖像细节，读来如在眼前。

——节选自　第14回　赤发鬼醉卧灵官殿　晁天王认义东溪村

西门庆道："王干娘，我少你多少茶钱？"王婆道："不多，由他，歇些时却算。"西门庆又道："你儿子跟谁出去？"王婆道："说不得，跟一个客人淮上去，至今不归，又不知死活。"西门庆道："却不叫他跟我？"王婆

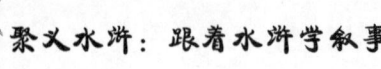

聚义水浒：跟着水浒学叙事

笑道："若得大官人抬举他，十分之好。"西门庆道："等他归来，却再计较。"再说了几句闲话，相谢起身去了。

约莫未及两个时辰，又踅将来王婆店门口帘边坐地，**朝着武大门前**。半歇，王婆出来道："大官人吃个梅汤？"西门庆道："最好，多加些酸。"王婆做了一个梅汤，双手递与西门庆。西门庆慢慢地吃了，盏托放在桌子上。西门庆道："王干娘，你这梅汤做得好，有多少在屋里？"王婆笑道："*老身做了一世媒，那讨一个在屋里？*"西门庆道："我问你梅汤，你却说做媒，差了多少！"王婆道："老身只听的大官人问这媒做得好，老身只道说做媒。"西门庆道："干娘，你既是撮合山，也与我做头媒，说头好亲事，我自重重谢你。"

——节选自　第24回　王婆贪贿说风情　郓哥不忿闹茶肆

> 西门庆的动作细节，令其不轨之心昭然若揭。

饭后，点起士兵和刀仗剑子，约有五百余人，都在大牢门前伺候。巳牌已后，狱官禀了，知府亲自来做监斩官。黄孔目只得把犯由牌呈堂，当厅判了两个斩字，便将片芦席贴起来。江州府众多节级牢子，虽是和戴宗、宋江过得好，却没做道理救得他。众人只替他两个叫苦。当时打扮已了，就大牢里把宋江、戴宗两个匾扎起，又将胶水刷了头发，绾个鹅梨角儿，各插上一朵红绫子纸花。驱至青面圣者神案前，各与了一碗长休饭，永别酒。吃罢，辞了神案，漏转身来，搭上利子。六七十个狱卒，早把宋江在前，戴宗在后，推拥出牢门前来。宋江和戴宗两个，面面厮觑，各作声不得。宋江只把脚来跌。戴

> 这一段的描写极其细致，甚至有些啰唆。但是仔细读来，作者如此细致地描写牢子们的动作，恰恰是在表现他们不希望宋江、戴宗就这么被杀，故意磨磨蹭蹭，想救人，却没办法，只好拖延。

上 篇

宗低了头，只叹气。江州府看的人，真乃压肩叠背，何止一二千人。

——节选自　第40回　梁山泊好汉劫法场　白龙庙英雄小聚义

【实战操练】

1. 找出下列选文中的细节描写，并说出属于哪一类细节。

二人渡过金沙滩，到得寨里。众人见了李逵这般打扮，都笑。到得忠义堂上，宋江正与燕青庆喜，只见李逵放下绿襕袍，去了双斧，摇摇摆摆，直至堂前，执着槐简，来拜宋江。拜不得两拜，把这绿襕袍踏裂，绊倒在地。众人都笑。宋江骂道："你这厮忒大胆，不曾着我知道，私走下山。这是该死的罪过！但到处，便惹起事端。今日对众兄弟说过，再不饶你！"李逵诺诺连声而退。梁山泊自此人马平安，都无甚事，每日在山寨中教演武艺，操练人马。

——节选自　第74回　燕青智扑擎天柱　李逵寿张乔坐衙

武行者醉饱了，把直裰袖结在背上，便出店门，沿溪而走。却被那北风卷将起来。武行者捉脚不住，一路上抢将来。离那酒店走不得四五里路，旁边土墙里走出一只黄狗，看着武松叫。武行者看时，一只大黄狗赶着吠。武行者大醉，正要寻事，恨那只狗赶着他只管吠，便将左手鞘里掣出一口戒刀来，大踏步赶。那只黄狗绕着溪岸叫。武行者一刀砍将去，却砍个空，使得力猛，头重脚轻，翻筋斗倒撞下溪里去，却起不来。冬月天道，溪水正涸，虽是只有一二尺深浅的水，却寒冷的当不得。爬起来，淋淋的一身水。却见那口戒刀浸在溪里，武行者便低头去捞那刀时，扑地又落下去了，只在那溪水里滚。

——节选自　第32回　武行者醉打孔亮　锦毛虎义释宋江

聚义水浒：跟着水浒学叙事

2. 武松打虎是非常精彩的片段，上文中的武松打狗也很"精彩"。试试改写"武松打狗"场面，注意运用多种描写，要尽力写出细节。写完与原文比较。

3. 补充下文细节描写。

　　那妇人那曾去切肉，只虚转一遭，便出来拍手叫道："倒也，倒也！"那两个公人只见天旋地转，禁了口，往后扑地便倒。武松也_____，扑地仰倒在凳边。那妇人笑道："着了！由你奸似鬼，吃了老娘的洗脚水。"便叫："小二，小三，快出来！"只见里面跳出两个蠢汉来，先把两个公人扛了进去。这妇人后来，桌上提了武松的包裹并公人的缠袋，捏一捏看，约莫里面是些金银。那妇人欢喜道："今日得这三头行货，倒有好两日馒头卖。又得这若干东西。"把包裹缠袋提了入去，却出来，看这两个汉子扛抬武松，那里扛得动，直挺挺在地下，却似有千百斤重的。那妇人看了，见这两个蠢汉，拖扯不动，喝在一边说道："你这鸟男女，只会吃饭吃酒，全没些用，直要老娘亲自动手！这个鸟大汉却也会戏弄老娘，这等肥胖，好做黄牛肉卖。那两个瘦蛮子，只好做水牛肉卖。扛进去先开剥这厮。"那妇人一头说，一面_____。武松就势抱住那妇人，把两只手_____，却把两只腿_____。那妇人杀猪也似叫将起来。那两个汉子急待向前，被武松大喝一声，惊得呆了。那妇人被按压在地上，只叫道："好汉饶我！"那里敢挣扎。

　　　　——节选自　第27回　母夜叉孟州道卖人肉　武都头十字坡遇张青

【拓展训练】

游戏:写细节,猜人物。

《水浒传》108 将人物各异,用最精炼的细节描写作谜面,请同学来猜,可以是各个方面的细节。看谁用字最少,谁写的被同学猜出的最多。

第六讲：大笔勾勒有气魄

【技法要旨】

人物塑造自然需要细致入微的描写，但有时也需要白描勾勒，即我们平时所说的详略，略写虽然笔墨不多，但往往更加传神，能写出大气魄来。

白描，本是中国画的绘画技巧，是指利用简单的线条，勾勒人物或景物，用墨不多，却能抓住描绘对象的神韵，起到以少总多的效果。把它运用到文学创作中以后，更加发挥了它这一特点，多为文学大家所喜用。

运用大笔勾勒，需要大局意识，需要高度凝练的语言，切不可纠结于细枝末节。

【原著点析】

话说林冲打一看时，只见那汉子头戴一顶范阳毡笠，上撒着一托红缨，穿一领白缎子征衫，系一条纵线绦，下面青白间道行缠，抓着裤子口，獐皮袜，带毛牛膀靴，胯口腰刀，提条朴刀……

——节选自 第12回 梁山泊林冲落草 汴京城杨志卖刀

> 大声朗读这一段杨志的外貌描写，你会感觉到作者运用语言的简练和大气，多读几遍，感受杨志的英雄气概。

智深走到半山亭子上，坐了一回，酒却涌上来。跳起身，口里道："俺好些时不曾拽拳使脚，觉道身体都困倦了，洒家且使几路看。"下得亭子，把两只袖子搭在手里，上下左右，使了一回。使得力发，只一膀子，搧在亭子柱

上，只听得刮剌剌一声响亮，把亭子柱打折了，坍了亭子半边。门子听得半山里响，高处看时，只见鲁智深一步一撷，抢上山来。两个门子叫道："苦也！这畜生今番又醉得不小，可便把山门关上，把拴拴了。"只在门缝里张时，见智深抢到山门下，见关了门，把拳头擂鼓也似敲门，两个门子那里敢开。智深敲了一回，扭过身来，看了左边的金刚，喝一声道："你这个鸟大汉，不替俺敲门，却拿着拳头吓洒家，俺须不怕你。"跳上台基，把栅剌子只一拔，却似搵葱般拔开了。拿起一根折木头，去那金刚腿上便打，簌簌的泥和颜色都脱下来。门子张见道："苦也！"只得报知长老。智深等了一会，调转身来看着右边金刚，喝一声道："你这厮张开大口，也来笑洒家。"便跳过右边台基上，把那金刚脚上打了两下，只听得一声震天价响，那尊金刚从台基上倒撞下来。智深提着折木头大笑。

——节选自 第4回 赵员外重修文殊院 鲁智深大闹五台山

> 仔细阅读本段鲁智深打倒山亭、打坏金刚的描写，感受一下花和尚酒醉之后的疯态。

没多时，法场中间，人分开处，一个报，报道一声："午时三刻。"监斩官便道："斩讫报来！"两势下刀棒刽子便去开枷。行刑之人执定法刀在手。说时迟，一个个要见分明；那时快，看人人一齐发作。只见那伙客人在车子上听得斩讫，数内一个客人，便向怀中取出一面小锣儿，立在车子上，当当地敲得两三声。四下里一齐动手。有诗为证：

两首诗成便被囚，梁山豪杰定谋猷。

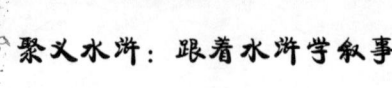

> 赝书舛印生疑惑，致使浔阳血漫流。

又见十字路口茶坊楼上，一个虎形黑大汉，脱得赤条条的，_____。手起斧落，早砍翻了两个行刑的刽子，便望监斩官马前砍将来。众士兵急待把枪去搠时，那里拦挡得住。众人且簇拥蔡九知府，逃命去了。

只见东边那伙弄蛇的丐者，身边都掣出尖刀，看着士兵便杀。西边那伙使枪棒的，大发喊声，只顾乱杀将来，一派杀倒士兵狱卒。南边那伙挑担的脚夫，轮起扁担，横七竖八，都打翻了士兵和那看的人。北边那伙客人，都跳下车来，推过车子，拦住了人，两个客商钻将入来，一个背了宋江，一个背了戴宗。其余的人，也有取出弓弩来射的，也有取出石子来打的，也有取出标枪来标的。原来扮客商的这伙，便是晁盖、花荣、黄信、吕方、郭盛。那伙扮使枪棒的，便是燕顺、刘唐、杜迁、宋万。扮挑担的，便是朱贵、王矮虎、郑天寿、石勇。那伙扮丐者的，便是阮小二、阮小五、阮小七、白胜。这一行，梁山泊共是十七个头领到来，带领小喽啰一百余人，四下里杀将起来。只见那人丛里那个黑大汉，轮两把板斧，一味地砍将来。晁盖等却不认得，只见他第一个出力，杀人最多。晁盖猛省起来："戴宗曾说一个黑旋风李逵，和宋三郎最好，是个莽撞之人。"晁盖便叫道："前面那好汉，莫不是黑旋风？"那汉那里肯应，火咂咂地轮着大斧，只顾砍人。晁盖便叫背宋江、戴宗的

两个小喽啰,只顾跟着那黑大汉走。当下去十字街口,不问军官百姓,杀得尸横遍野,血流成渠。推倒撕翻的,不计其数。众头领撒了车辆担仗,一行人尽跟了黑大汉,直杀出城来。背后花荣、黄信、吕方、郭盛,四张弓箭,飞蝗般望后射来。那江州军民百姓,谁敢近前。这黑大汉直杀到江边来,身上血溅满身,兀自在江边杀人。百姓撞着的,都被他翻筋斗都砍下江里去。晁盖便挺朴刀叫道:"不干百姓事,休只管伤人!"那汉那里来听叫唤,一斧一个,排头儿砍将去。

——节选自　第40回　梁山泊好汉劫法场　白龙庙英雄小聚义

【实战操练】

1. 第二个选段是从哪些方面描写鲁智深的?圈画原文,并作适当旁批。

2. 第三个选段是一组群像描写,有详有略,有点有面,找出详写和略写的部分,说说各自的特点。

3. 根据上下文,补出省略的部分,并查找原文比较。

【拓展训练】

在班级内组织一次水浒场景模拟表演,仔细观察演员的表现,用群像描写的方法,把场景记述出来,并互相交流。

第七讲：对比衬托讲方法

【技法要旨】

人物塑造并不是单一人物的描写，必须是在人与人的交往接触中塑造人物。这样，一个场景或一段故事中，就有主要人物、次要人物、正面人物、反面人物等区别。

俗话说：红花虽好，还要绿叶扶持。众多人物之间的关系处理，也是进行人物描写必须要关注的问题。一般来说，塑造主要人物（红花），往往需要次要人物（绿叶）的衬托，反面人物的对比，有时还会出现两朵鲜花互相映衬的效果。

运用对比、映衬的手法塑造人物，首先要找出对比、映衬的点，笔墨要集中表现对比点或映衬点，不要在枝节上浪费笔墨；其次要注意文字的分配，主要人物需要更多的笔墨，如是互相映衬，则要写出二者的不同，突出各自的特点。

【原著点析】

正热闹里，只见一个人从小路里走出来。众人看见叫道："主人来了！这黑大汉在此抢鱼，都赶散了渔船！"那人道："甚么黑大汉，敢如此无礼？"众人把手指道："那厮兀自在岸边寻人厮打！"那人抢将过去，喝道："你这厮吃了豹子心，大虫胆，也不敢来搅乱老爷的道路！"李逵看那人时，六尺五六身材，三十二三年纪，

三柳掩口黑髯；头上裹顶青纱万字巾，掩映着穿心红一点儿；上穿一领白布衫，腰系一条绢搭膊；下面青白袭脚多耳麻鞋；手里提条行秤。那人正来卖鱼，见了李逵在那里横七竖八打人，便把秤递与行贩接了，赶上前来大喝道："你这厮要打谁！"**李逵也不回话，抡过竹篙，却望那人便打**。那人抢入去，早夺了竹篙。李逵便一把揪住那人头发。那人便奔他下三面，要跌李逵。怎敌得李逵水牛般气力，直推将开去，不能勾拢身。那人便往肋下擢得几拳，李逵那里着在意里。那人又飞起脚来踢，被李逵直把头按将下去，提起铁锤般大小拳头，去那人脊梁上擂鼓也似打。

……

那人把竹篙去李逵腿上便搠。撩拨得李逵火起，托地跳在船上。说时迟，那时快。那人只要诱得李逵上船，便把竹篙望岸边一点，双脚一蹬，那只渔船一似狂风飘败叶，箭也似投江心里去了。李逵虽然也识得水，却不甚高，当时慌了手脚。那人也不叫骂，撇了竹篙，叫声："你来！今番和你定要见个输赢！"便把李逵胳膊拿住，口里说道："且不和你厮打，先教你吃些水。"两只脚把船只一晃，船底朝天，英雄落水。两个好汉扑通地都翻筋斗撞下江里去。宋江、戴宗急赶至岸边，那只船已翻在江里。两个只在岸上叫苦。江岸边早拥上三五百人在柳荫树下看。都道："这黑大汉今番却着道儿。便挣扎得性命，也吃了一肚皮水。"宋江、戴宗在岸边看时，只见江面开处，那人把李逵提将起来，又淹将下去。两个正

这既是一段对比，又是互相映衬。首先第一部分是李逵打张顺，地点在路上，明显李逵占上风；第二部分是张顺打李逵，地点在水里，李逵被张顺灌了一肚皮水。

你用竹篙打，我用竹篙搠。

聚义水浒：跟着水浒学叙事

在江心里面，清波碧浪中间，一个显浑身黑肉，一个露遍体霜肤。两个打作一团，绞作一块。江岸上那三五百人贪看，没一个不喝彩。

——节选自 第38回 及时雨会神行太保 黑旋风斗浪里白条

肤色构成鲜明对比。此处是侧面衬托，以观众衬托二人的本领高超。

三骑马来到阵前。张清手指宋江骂道："水洼草贼，愿决一阵！"宋江问道："谁可去战张清？"傍边恼犯这个英雄，忿怒跃马，手舞钩镰枪，出到阵前。宋江看时，乃是金枪手徐宁。宋江暗喜，便道："此人正是对手！"徐宁飞马直取张清，两马相交，双枪并举。斗不到五合，张清便走，徐宁去赶。张清把左手虚提长枪，右手便向锦袋中摸出石子，扭回身，觑得徐宁面门较近，只一石子，可怜悍勇徐宁，石子眉心早中，翻身落马。龚旺、丁得孙便来捉人。宋江阵上人多，早有吕方、郭盛，两骑马，两枝戟，救回本阵。宋江等大惊，尽皆失色。再问："那个头领接着厮杀？"宋江言未尽，马后一将飞出。看时，却是锦毛虎燕顺。宋江却待阻挡，那骑马已自去了。燕顺接住张清，斗无数合，遮拦不住，拨回马便走。张清望后赶来，手取石子，看燕顺后心一掷，打在镗甲护镜上，铮然有声，伏鞍而走。宋江阵上一人大叫："匹夫何足惧哉！"拍马提槊飞出阵去。宋江看时，乃是百胜将韩滔，不打话便战张清。两马方交，喊声大举。韩滔要在宋江面前显能，抖擞精神，大战张清。不到十合，张清便走。韩滔疑他飞石打来，不去追赶。张清回头不见赶来，翻身勒马便转。韩滔却待挺槊来迎，

被张清暗藏石子，手起，望韩滔鼻凹里打中。只见鲜血迸流，逃回本阵。彭玘见了大怒，"量这等小辈，何足惧哉！"不等宋公明将令，手舞三尖两刃刀，飞马直取张清。两个未曾交马，被张清暗藏石子在手，手起，正中彭玘面额，丢了三尖两刃刀，奔马回阵。

宋江见输了数将，心内惊惶，便要将军马收转。只见卢俊义背后一人大叫："今日将威折了，来日怎地厮杀！且看石子打得我么！"宋江看时，乃是丑郡马宣赞，拍马舞刀，直奔张清。张清便道："一个来，一个走！两个来，两个逃！你知我飞石手段么？"宣赞道："你打得别人，怎近得我！"说言未了，张清手起一石子，正中宣赞嘴边，翻身落马。龚旺、丁得孙却待来捉，怎当宋江阵上人多，众将救了回阵。

宋江见了，怒气冲天，掣剑在手，割袍为誓："我若不拿得此人，誓不回军！"呼延灼见宋江说誓，便道："兄长此言，要我们弟兄何用！"就拍踢雪乌骓，直临阵前，大骂张清："小儿得宠，一力一勇！认得大将呼延灼么？"张清便道："辱国败将之人，也遭我毒手！"言未绝，一石子飞来。呼延灼见石子飞来，急把鞭来隔时，却中在手腕上。早着一下，便使不动钢鞭，回归本阵。

宋江道："马军头领，都被损伤。步军头领，谁敢捉这张清？"只见部下刘唐，手拈朴刀，挺身出阵。张清见了大笑，骂道："你那败将，马军尚且输了，何况步卒！"刘唐大怒，径奔张清。张清不战，跑马归阵。刘唐赶去，人马相迎。刘唐手疾，一朴刀砍去，却砍着张

 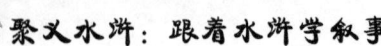

聚义水浒：跟着水浒学叙事

清战马。那马后蹄直踢起来，刘唐面门上扫着马尾，双眼生花，早被张清只一石子，打倒在地。急待挣扎，阵中走出军来，横拖倒拽，拿入阵中去了。宋江大叫："那个去救刘唐？"只见青面兽杨志，便拍马舞刀，直取张清。张清虚把枪来迎。杨志一刀砍去，张清镫里藏身，杨志却砍了个空。张清手拿石子，喝声道："着！"石子从肋窝里飞将过去。张清又一石子，铮的打在盔上，唬得杨志胆丧心寒，伏鞍归阵。宋江看了，辗转寻思："若是今番输了锐气，怎生回梁山泊！谁与我出得这口气？"朱仝听得，目视雷横，说道："一个不济事，我两个同去夹攻。"朱仝居左，雷横居右，两条朴刀，杀出阵前。张清笑道："一个不济，又添一个！由你十个，更待如何！"全无惧色。在马上藏两个石子在手。雷横先到，张清手起，势如招宝七郎，石子来时，面门上怎生躲避，急待抬头看时，额上早中一石子，扑然倒地。朱仝急来快救，脖颈上又一石子打着。关胜在阵上看见中伤，大挺神威，轮起青龙刀，纵开赤兔马，来救朱仝、雷横。刚抢得两个奔走还阵，张清又一石子打来。关胜急把刀一隔，正打着刀口，迸出火光。关胜无心恋战，勒马便回。

——节选自　第70回　没羽箭飞石打英雄　宋公明弃粮擒壮士

　　当下杨志和索超两个斗到五十余合，不分胜败。月台上梁中书看得呆了。两边众军官看了，喝彩不迭。阵面上军士们递相厮觑道："我们做了许多年军，也曾出

此处不写二人具体的交战场景，却把笔墨放在了观众的表现上，这种人物塑造的手法叫作侧面衬托，即通过他人的反应来表现主要人物的特点。

了几遭征，何曾见这等一对好汉厮杀！"李成、闻达在将台上不住声叫道："好斗！"闻达心里只恐两个内伤了一个，慌忙招呼旗牌官拿着令字旗，与他分了。将台上忽地一声锣响，杨志和索超斗到是处，各自要争功，那里肯回马。旗牌官飞来叫道："两个好汉歇了，相公有令。"杨志、索超方才收了手中军器，勒坐下马，各跑回本阵来。

——节选自　第13回　急先锋东郭争功　青面兽北京斗武

高俅见了众多好汉，一个个英雄猛烈，林冲、杨志怒目而视，有欲要发作之色，先有了十分惧怯，便道："宋公明，你等放心！高某回朝，必当重奏，请降宽恩大赦，前来招安，重赏加官，大小义士，尽食天禄，以为良臣。"宋江听了大喜，拜谢太尉。当日筵会，甚是整齐，大小头领，轮番把盏，殷勤相劝。高太尉大醉，酒后不觉放荡，便道："我自小学得一身相扑，天下无对。"卢俊义却也醉了，怪高太尉自夸天下无对，便指着燕青道："我这个小兄弟，也会相扑，三番上岱岳争交，天下无对。"高俅便起身来，脱了衣裳，要与燕青厮扑。

众头领见宋江敬他是个天朝太尉，没奈何处，只得随顺听他说，不想要勒燕青相扑，正要灭高俅的嘴，都起身来道："好，好！且看相扑！"众人都哄下堂去。宋江亦醉，主张不定。两个脱了衣裳，就厅阶上，宋江叫把软褥铺下。两个在剪绒毯上，吐个门户。高俅抢将入来，燕青手到，把高俅扭摔得定，只一交，撷翻在地褥

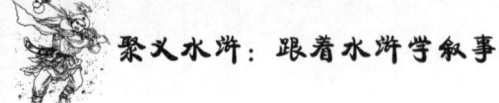

上，做一块，半晌挣不起。这一扑，唤做守命扑。宋江、卢俊义慌忙扶起高俅，再穿了衣服，都笑道："太尉醉了，如何相扑得成功，切乞恕罪！"高俅惶恐无限，却再入席，饮至夜深，扶入后堂歇了。

——节选自　第80回　张顺凿漏海鳅船　宋江三败高太尉

【实战操练】

1. 第二段选文主要是凸显张清飞石的厉害，仔细读一读，看看作者用了哪些"绿叶"来衬托"红花"。

2. 同样是用飞石打人，看看张清分别打中了梁山好汉的什么部位，这对你的写作有什么启发。

3. 仔细阅读第四段选文，看看运用了哪些人物描写的手法。

【拓展训练】

组织一次拔河比赛，仔细观察两边选手的表现，以及观众们的表现，运用对比、衬托等手法，进行群像描写。

第八讲：矛盾冲突见个性

【技法要旨】

　　文似看山不喜平。小说的情节越是曲折离奇，越能够吸引读者。在小说的人物塑造过程中，也可以借助情节的矛盾冲突来凸显人物的个性。

　　制造矛盾，首先要有矛盾双方，其次要有冲突点，围绕冲突点，矛盾双方的言行表现会出现对立，抓住这个对立来描写，人物的不同性格就凸显出来了，情节也更加生动。

　　需要注意的是，制造矛盾应该以符合人物的身份性格特征为基础，一般一个矛盾冲突点集中反映一个性格特征，不宜过多，过复杂。

【原著点析】

　　那白秀英唱到务头，这白玉乔按唱道："虽无买马博金艺，要动聪明鉴事人。看官喝彩道是过去了，我儿且回一回，下来便是衬交鼓儿的院本。"白秀英拿起盘子指着道："财门上起，利地上住，吉地上过，旺地上行。手到面前，休教空过。"白玉乔道："我儿且走一遭，看官都待赏你。"**白秀英托着盘子，先到雷横面前。雷横便去身边袋里摸时，不想并无一文。**雷横道："今日忘了，不曾带得些出来，明日一发赏你。"白秀英笑道："头醋不酽彻底薄。官人坐当其位，可出个标首。"雷横通红了面皮道："我一时不曾带得出来，非是我舍不得。"白

此一段文字的矛盾冲突在于白秀英讨要赏钱，而雷横恰巧没带钱。两人的对话，凸显出了白玉乔的尖刻，也直接导致他被雷横暴打。

矛盾冲突点。

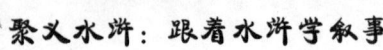

秀英道：“官人既是来听唱，如何不记得带钱出来？”雷横道：“我赏你三五两银子也不打紧，却恨今日忘记带来。”白秀英道：“官人今日见一文也无，提甚三五两银子。正是教俺望梅止渴，画饼充饥。”白玉乔叫道：“我儿，你自没眼。不看城里人村里人，只顾问他讨甚么。且过去自问晓事的恩官告个标首。”雷横道：“我怎地不是晓事的？”白玉乔道：“**你若省得这子弟门庭时，狗头上生角。**”众人齐和起来。雷横大怒，便骂道：“这忤奴怎敢辱我！”白玉乔道：“**便骂你这三家村使牛的，打甚么紧！**”有认得的喝道：“使不得！这个是本县雷都头。”白玉乔道：“**只怕是驴筋头。**”雷横那里忍耐得住，从**座椅上直跳下戏台来，揪住白玉乔，一拳一脚，便打得唇绽齿落。**众人见打得凶，都来解拆开了，又劝雷横自回去了。勾栏里人一哄尽散了。

矛盾激化点。

进一步激化矛盾。

继续激化矛盾。

挨打。一个矛盾冲突解决。为后面的矛盾冲突埋下伏笔。

——节选自　第 51 回　插翅虎枷打白秀英　美髯公误失小衙内

杨志提了朴刀，拿着藤条，自去赶那担子。两个虞候坐在柳荫树下等得老都管来。两个虞候告诉道：“杨家那厮，强杀只是我相公门下一个提辖，直这般做大！”老都管道：“须是我相公当面吩咐道：休要和他别扭。因此我不作声。这两日也看他不得，权且奈他。”两个虞候道：“相公也只是人情话儿，都管自做个主便了。”老都管又道：“且奈他一奈。”当日行到申牌时分，寻得一个客店里歇了，那十一个厢禁军雨汗通流，都叹气吹嘘，对老都管说道：“我们不幸做了军健，情知道被差出来。

这般火似热的天气，又挑着重担。这两日又不拣早凉行，动不动老大藤条打来。都是一般父母皮肉，我们直恁地苦！"老都管道："你们不要怨怅，巴到东京时，我自赏你。"众军汉道："若是似都管看待我们时，并不敢怨怅。"又过了一夜。次日，天色未明，众人起来趁早凉起身去。杨志跳起来喝道："那里去！且睡了，却理会。"众军汉道："趁早不走，日里热时走不得，却打我们。"杨志大骂道："你们省得甚么！"拿了藤条要打。众军汉忍气吞声，只得睡了。当日直到辰牌时分，慢慢地打火吃了饭走。一路上赶打着，不许投凉处歇。那十一个厢禁军口里喃喃讷讷地怨怅，两个虞候在老都管面前絮絮聒聒地搬口。老都管听了，也不着意，心内自恼他。

——节选自 第16回 杨志押送金银担 吴用智取生辰纲

宋江大醉，叫取纸笔来，一时乘着酒兴，作《满江红》一词。写毕，令乐和单唱这首词曲。道是：

"喜遇重阳，更佳酿今朝新熟。见碧水丹山，黄芦苦竹。头上尽教添白发，鬓边不可无黄菊。愿樽前长叙弟兄情，如金玉。统豺虎，御边幅。号令明，军威肃。中心愿，平虏保民安国。日月常悬忠烈胆，风尘障却奸邪目。望天王降诏早招安，心方足。"

乐和唱这个词，正唱到"望天王降诏早招安"，只见武松叫道："今日也要招安，明日也要招安，冷了弟兄们的心！"黑旋风便睁圆怪眼，大叫道："招安，招安！招甚鸟安！"只一脚，把桌子踢起，攧做粉碎。宋江大

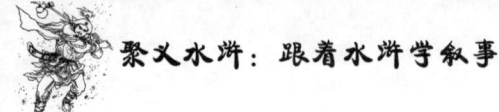

喝道:"这黑厮怎敢如此无礼!左右与我推去,斩讫报来!"众人都跪下告道:"这人酒后发狂。哥哥宽恕!"宋江答道:"众贤弟且起,把这厮暂且监下。"众人皆喜。有几个当刑小校,向前来请李逵。李逵道:"<u>你怕我敢挣扎?哥哥剐我也不怨,杀我也不恨。除了他,天也不怕!</u>"说了,便随着小校去监房里睡。

——节选自 第71回 忠义堂石碣受天文 梁山泊英雄排座次

【实战操练】

1. 第二段选文极其精彩,试找出杨志、老都管和厢禁军之间的矛盾点,并根据文中语句分析作者怎样安排矛盾冲突的发展的。

2. 第三段选文的矛盾点是什么?围绕这个矛盾点,不同人物的表现如何?体现了他们怎样的性格、心理?

3. 尝试把第三段画线句李逵的话换一种说法,然后推断后面的矛盾将怎样发展?

【拓展训练】

想象改写:假如吴用等人没有劫生辰纲,第二段选文矛盾将如何发展?

第九讲：精选事例塑形象

【技法要旨】

人物形象的塑造，离不开典型事例，如何选择典型事例，是人物形象塑造成功与否的关键。

一般说来，事例的选择应该符合人物身份性格，为凸显人物形象服务。其次，事例的选择尽量要有差异性，不要雷同。另外，选择事例还要有一定连续性，以此保持人物前后性格的一致性。

【原著点析】

郑屠右手拿刀，左手便来要揪鲁达。被这鲁提辖就势按住左手，赶将入去，望小腹上只一脚，腾地踢倒在当街上。鲁达再入一步，踏住胸脯，提起那醋钵儿大小拳头，看着这郑屠道："洒家始投老种经略相公，做到关西五路廉访使，也不枉了叫作镇关西。你是个卖肉的操刀屠户，狗一般的人，也叫作镇关西！你如何强骗了金翠莲！"扑的只一拳，正打在鼻子上，打得鲜血迸流，鼻子歪在半边，却便似开了个油酱铺：咸的、酸的、辣的，一发都滚出来。郑屠挣不起来，那把尖刀也丢在一边，口里只叫："打得好！"鲁达骂道："直娘贼！还敢应口。"提起拳头来就眼眶际眉梢只一拳，打得眼棱缝裂，乌珠迸出，也似开了个彩帛铺的：红的、黑的、绛

三拳打死镇关西，表现其疾恶如仇、路见不平挺身而出的英雄气概。
整个事例不仅体现了鲁达武艺高超，还体现出其精明细致的一面。

聚义水浒：跟着水浒学叙事

的，都绽将出来。两边看的人惧怕鲁提辖，谁敢向前来劝？郑屠当不过讨饶。鲁达喝道："咄！你是个破落户，若是和俺硬到底，洒家倒饶了你。你如何对俺讨饶，洒家偏不饶你！"又只一拳，太阳上正着，却似做了一个全堂水陆的道场：磬儿、钹儿、铙儿一齐响。鲁达看时，只见郑屠挺在地下，口里只有出的气，没了入的气，动弹不得。鲁提辖假意道："你这厮诈死，洒家再打。"只见面皮渐渐地变了，鲁达寻思道："俺只指望痛打这厮一顿，不想三拳真个打死了他。洒家须吃官司，又没人送饭，不如及早撒开。"拔步便走，回头指着郑屠尸道："你诈死，洒家和你慢慢理会。"一头骂，一头大踏步去了。

——节选自　第3回　史大郎夜走华阴县　鲁提辖拳打镇关西

　　吃到半酣里，也有唱的，也有说的，也有拍手的，也有笑的。正在那里喧哄，只听得门外老鸦哇哇地叫。众人有扣齿的，齐道："赤口上天，白舌入地。"智深道："你们做甚么鸟乱？"众人道："老鸦叫，怕有口舌。"智深道："那里取这话？"那种地道人笑道："墙角边绿杨树上新添了一个老鸦巢，每日只聒到晚。"众人道："把梯子去上面拆了那巢便了。"有几个道："我们便去。"智深也乘着酒兴，都到外面看时，果然绿杨树上一个老鸦巢。众人道："把梯子上去拆了，也得耳根清净。"李四便道："我与你盘上去，不要梯子。"智深相了一相，走到树前，把直裰脱了，用右手向下，把身倒缴着，却把

倒拔垂杨柳的事例表现鲁智深的力大无比，塑造了一个粗豪的英雄形象。

上 篇

左手拔住上截,把腰只一趁,将那株绿杨树带根拔起。众泼皮见了,一齐拜倒在地,只叫:"师父非是凡人,正是真罗汉!身体无千万斤气力,如何拔得起!"

——节选自 第7回 花和尚倒拔垂杨柳 豹子头误入白虎堂

当下深、冲、超、霸四人在村酒店中坐下,唤酒保买五七斤肉,打两角酒来吃,回些面来打饼。酒保一面整治,把酒来筛。两个公人道:"不敢拜问师父,在那个寺里住持?"智深笑道:"你两个撮鸟,问俺住处做甚么?莫不去教高俅做甚么奈何洒家?别人怕他,俺不怕他。洒家若撞着那厮,教他吃三百禅杖。"两个公人那里敢再开口,吃了些酒肉,收拾了行李,还了酒钱,出离了村店。林冲问道:"师兄,今投那里去?"鲁智深道:"杀人须见血,救人须救彻。洒家放你不下,直送兄弟到沧州。"两个公人听了道:"苦也!却是坏了我们的勾当,转去时怎回话!"且只得随顺他一处行路。

野猪林救林冲后饮酒这一段,不仅表象了鲁智深的仗义,更通过语言表现其精明。与前文选段有一定的连续性。

——节选自 第9回 柴进门招天下客 林冲棒打洪教头

【实战操练】

1.阅读《水浒传》中的相关文字,找出描写鲁智深的段落,分析事例,文中是从哪些方面表现鲁智深的性格特征。

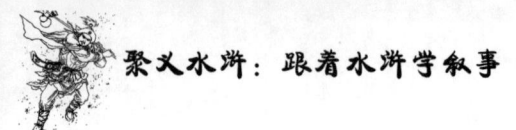

2. 鲁智深的名字很有寓意，看看他的人生经历与他的名字有什么关联。

【拓展训练】

《水浒传》中有一些次要人物，选择其中一个，找出散在的人物表现，改写成一个人物小传。

第十讲：综合运用方自如

【技法要旨】

人物的塑造是综合运用多种描写方法完成的。

我们在选择描写方法时，一般要根据叙事写人的实际需要，选择一两种搭配运用，有时也同时选择多种描写手法。在熟练地掌握单一描写方法之后，可以逐步尝试综合运用两三种描写手法，丰富的描写手法和描写角度，才能塑造出真实，形象丰满的人物。

综合运用多种描写手法需要一段时间的熟练，切不可生搬硬套，机械拼接，否则，人物描写必然失败。

【原著点析】

当下秦明和花荣两个交手，斗到四五十合，不分胜败。花荣连斗了许多合，卖个破绽，拨回马望山下小路便走。秦明大怒，赶将来。花荣把枪去了事环上带住，把马勒个定，左手拈起弓，右手拔箭，拽满弓，扭过身躯，望秦明盔顶上只一箭，正中盔上，射落斗来大那颗红缨，却似报个信与他。秦明吃了一惊，不敢向前追赶，霍地拨回马，恰待赶杀，众小喽啰一哄地都上山去了。花荣自从别路，也转上山寨去了。

秦明见他都走散了，心中越怒道："叵耐这草寇无礼！"喝叫鸣锣擂鼓，取路上山。众军齐声呐喊，步军

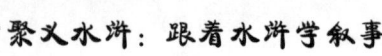

先上山来。转过三两个山头,只见上面檑木、炮石、灰瓶、金汁,从险峻处打将下来。向前的退步不迭,早打倒三五十个,只得再退下山来。

秦明是个性急的人,心头火起?那里按捺得住?带领军马,绕山下来寻,路上山。寻到午牌时分,只见西山边锣响,树林丛中闪出一队红旗军来。秦明引了人马,赶将去时,锣也不响,红旗都不见了。秦明看那路时,又没正路,都只是几条砍柴的小路,却把乱树折木,交叉当了路口,又不能上去得。

正待差军汉开路,只见军汉来报道:"东山边锣响,一队红旗军出来。"秦明引了人马,飞也似奔过东山边来看时,锣也不鸣,红旗也不见了。秦明纵马去四下里寻路时,都是乱树折木塞断了砍柴的路径。只见探事的又来报道:"西边山上锣又响,红旗军又出来了。"秦明拍马再奔来西山边,看时,又不见一个人,红旗也没了。秦明是个急性的人,恨不得把牙齿都咬碎了。

正在西山边气忿忿的,又听得东山边锣声震地价响,急带了人马又赶过来东山边看时,又不见有一个贼汉,红旗都不见了。秦明气满胸脯,又要赶军汉上山寻路,只听得西山边又发起喊来。秦明怒气冲天,大驱兵马,投西山边来,山上山下看时,并不见一个人。秦明喝叫军汉两边,寻路上山。数内有一个军人禀说道:"这里都不是正路,只除非东南上有一条大路,可以上去。若是只在这里寻路上去时,唯恐有失。"秦明听了,便道:"既有那条大路时,连夜赶将去。"便驱一行军马奔东南

角上来。

　　看看天色晚了，又走得人困马乏，巴得到那山下时，正欲下寨造饭，只见山上火把乱起，锣鼓乱鸣。秦明转怒，引领四五十马军，跑上山来。只见山上树林内，乱箭射将下来，又射伤了些军士，秦明只得回马下山，且教军士只顾造饭。恰才举得火着，只见山上有八九十把火光，呼风唿哨下来。秦明急待引军赶时，火把一齐都灭了。当夜虽有月光，亦被阴云笼罩，不甚明朗。秦明怒不可当，便叫军士点起火把，烧那树木。只听得山嘴上鼓笛之声吹响。秦明纵马上来看时，见山顶上点着十余个火把，照见花荣陪侍着宋江在上面饮酒。秦明看了，心中没出气处，勒着马，在山下大骂。花荣回言道："秦统制，你不必焦躁，且回去将息着。我明日和你拼个你死我活的输赢便罢。"秦明大叫道："反贼，你便下来！我如今和你拼个三百合，却再做理会！"花荣笑道："秦总管，你今日劳困了，我便赢得你，也不为强。你且回去，明日却来。"秦明越怒，只管在山下骂。本待寻路上山，却又怕花荣的弓箭，因此只在山坡下骂。正叫骂之间，只听得本部下军马发起喊来。秦明急回到山下看时，只见这边山上，火炮、火箭一发烧将下来。背后二三十个小喽啰做一群，把弓弩在黑影里射人。众军马发喊一声，都拥过那边山侧深坑里去躲。此时已有三更时分。众军马正躲得弩箭时，只叫得苦，上溜头滚下水来，一行人马却都在溪里，各自挣扎性命。爬得上岸的，尽被小喽啰挠钩搭住，活捉上山去了；爬不上岸的，尽淹死

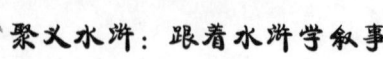

在溪里。

且说秦明此时怒气冲天,脑门粉碎。却见一条小路在侧边,秦明把马一拨,抢上山来。走不到三五十步,和人连马撅下陷坑里去。两边埋伏下五十个挠钩手,把秦明搭将起来,剥了浑身战袄衣甲,头盔军器,拿条绳索绑了,把马也救起来,都解上清风山来。原来这般圈套,都是花荣和宋江的计策。先使小喽啰,或在东,或在西,引诱的秦明人困马乏,策立不定。预先又把这土布袋填住两溪的水,等候夜深,却把人马逼赶溪里去,上面却放下水来,那急流的水都结果了军马。你道秦明带出的五百人马如何?一大半淹死在水中,都送了性命;生擒活捉得一百五七十人,夺了七八十匹好马,不曾逃得一个回去。次后陷马坑里,活捉了秦明。

——节选自 第34回 镇三山大闹青州道 霹雳火夜走瓦砾场

【实战操练】

1. 统计一下上文一共运用了几种人物描写方法,看看作者是怎样合理搭配的。

2. 霹雳火的霹雳性格,作者是如何表现的?找出相关词句进行分析。

【拓展训练】

写一个你最熟悉的人,要求综合运用多种人物描写的方法。

第一讲：线索条理须清晰

【技法要旨】

同学们初学叙事，首先要做到把事情说清楚说明白。

怎样说清楚，说明白呢？这其中有一些基本的要求和方法。一般情况下，一个完整的叙事句子，应该包括时间、地点、人物、事件，即"什么时间，什么地点，什么人，在做什么"。这样，一个完整的句子就表述清楚了一个意思。

然后按照一定的顺序，把一个句子一个句子连接起来，就组成了一组句子，我们把它称为句群。一个句群往往完整地叙述了一个事件的某一过程。一组一组句群按照一定的顺序连接起来，就构成了一个段落。一个段落和一个段落连接起来，就完整地记叙一个事件。

线索：线索是串联整个事件的关键要素。叙事时要紧扣线索，才能保证条理清楚，不至于思路混乱。一般说来，常作为叙事线索的，往往跟事件的主人公紧密相关，或者是人物的活动，或者是人物的活动时间变化，或者是人物活动的地点变化，或者是与人物活动的某一事物，等等。抓住叙事的线索，叙事就条理清晰，不蔓不枝。

【原著点析】

武松正走，看看酒涌上来，便把毡笠儿背在脊梁上，将哨棒绾在肋下，一步步上那冈子来；回头看这日色时，渐渐地坠下去了。此时正是十月间天气，日短夜长，容易得晚。武松自言自说道："那得甚么大虫！人自怕了，

"武松"是故事里的主人公，看看这个人名都在哪里出现的？

聚义水浒：跟着水浒学叙事

不敢上山。"

武松走了一直，**酒力发作**，焦热起来，一只手提着哨棒，一只手把胸膛前袒开，踉踉跄跄，直奔过乱树林来；见一块光挞挞大青石，把那哨棒倚在一边，放翻身体，却待要睡，只见发起一阵狂风来。那一阵风过了，只听得乱树背后扑地一声响，跳出一只吊睛白额**大虫**来。武松见了，叫声"啊呀"，从青石上翻将下来，便拿那条哨棒在手里，闪在青石边。那大虫又饿，又渴，把两只爪在地上略按一按，和身望上一扑，从半空里撺将下来。武松被那一惊，酒都作冷汗出了。

说时迟，那时快；武松见大虫扑来，只一闪，闪在大虫背后。那大虫背后看人最难，便把前爪搭在地下，把腰胯一掀，掀将起来。武松只一闪，闪在一边。大虫见掀他不着，吼一声，却似半天里起个霹雳，震得那山冈也动，把这铁棒也似虎尾倒竖起来只一剪。武松却又闪在一边。原来那大虫拿人只是一扑，一掀，一剪；三般捉不着时，气性先自没了一半。那大虫又剪不着，再吼了一声，一兜兜将回来。

武松见那大虫复翻身回来，双手轮起哨棒，尽平生气力，只一棒，从半空劈将下来。只听得一声响，簌簌地，将那树连枝带叶劈脸打将下来。定睛看时，一棒劈不着大虫，原来打急了，正打在枯树上，把那条哨棒折做两截，只拿得一半在手里。那大虫咆哮，性发起来，翻身又只一扑扑将来。武松又只一跳，却退了十步远。那大虫恰好把两只前爪搭在武松面前。武松将半截棒丢

"酒"是武松敢于打虎的重要因素之一。注意3处酒的作用。

"老虎"是武松打的对象。

句群分析——
这里的5个句子，武松和老虎交替为主语，把老虎的进攻和武松的躲闪写得清清楚楚。

在一边，两只手就势把大虫顶花皮胳嗒地揪住，一按按将下来。那只大虫急要挣扎，被武松尽力气捺定，那里肯放半点儿松宽。

武松把只脚望大虫面门上、眼睛里只顾乱踢。①那大虫咆哮起来，把身底下爬起两堆黄泥做了一个土坑。②武松把大虫嘴直按下黄泥坑里去。③那大虫吃武松奈何得没了些气力。④武松把左手紧紧地揪住顶花皮，偷出右手来，提起铁锤般大小拳头，尽平生之力只顾打。⑤打到五七十拳，那大虫眼里、口里、鼻子里、耳朵里，都迸出鲜血来，更动弹不得，只剩口里兀自气喘。⑥那武松尽平昔神威，仗胸中武艺，半歇儿把大虫打做一堆，却似挡着一个锦布袋。⑦

当下景阳冈上那只猛虎，被武松没顿饭之间，一顿拳脚打得那大虫动弹不得，使得口里兀自气喘。武松放了手，来松树边寻那打折的哨棒，拿在手里；只怕大虫不死，把棒橛又打了一回。眼见气都没了，方才丢了棒，寻思道："我就地拖得这死大虫下冈子去？……"就血泊里双手来提时，那里提得动。原来使尽了气力，手脚都苏软了。

——节选自　第23回　横海郡柴进留宾　景阳冈武松打虎

段落分析——
第1句：武松脚踢老虎。
第2句：老虎刨了一个坑。
第3句：武松把老虎按坑里。
第4句：老虎没力气。
第5句：武松拳打老虎。
第6句：老虎奄奄一息。
第7句：武松打死老虎。
此段主要写武松打死老虎。跟上文老虎进攻，武松躲闪正好相反。

【实战操练】

1. 阅读上文，完成脉络梳理：

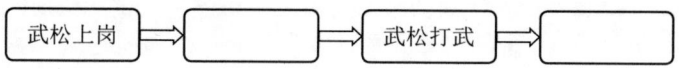

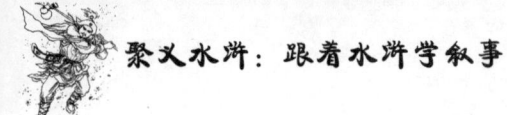

2. 用一句话概括第一段内容,尽量包括主要信息(时间、地点、人物、事件)。

3. 假设武松没有打断哨棒,请你模仿其中一段,写一段武松用哨棒打死老虎的情景(注意扣住"武松"、"哨棒"和"老虎"来写,条理要清晰)。

【拓展训练】

看着表弟在那儿布置,我站在一边显着手足无措。_____拿来了篮球,邀请_____一起投篮。_____的体育可不好,打篮球出洋相了怎么办?看着_____在那儿帅气地上篮,敬佩极了。而_____投篮的姿势笨得像头熊,根本没法和_____比。更何况我投了好几个一个也没进。哪像表弟,投一个中一个,百发百中,弹无虚发。

1. 根据上下文信息,把文中省略的部分补全,使文意完整。

2. 如果第一句"看着表弟在那儿布置,我站在一边显着手足无措"中,"表弟"和我的位置互换,下面的行文该怎样变化:
我开始熟练地布置场地,却发现表弟站在一边手足无措。

第二讲：详略节奏善把握

【技法要旨】

　　做到紧扣线索，把一件事情按照一定的条理说清楚，是学习叙事的第一步。但是，一件事情的叙述过程——开端、发展、高潮、结局——是不能平均分配笔墨的；如果是几件事情，也要分清详略。详略，是叙事的节奏，需要专门训练。

　　一般说来，叙述一件事情，开端宜简略，切忌拖沓；发展为过度，说清楚即可；高潮应详写，大笔挥洒，不厌其细；结局有很多技巧，但一般都精炼简略。

　　如果是先后叙述几件事情，也不能平均分配笔墨，也要根据实际需要分出详略。

【原著点析】

　　再说金老得了这一十五两银子，回到店中，安顿了女儿，先去城外远处觅下一辆车儿；回来收拾了行李，还了房宿钱，算清了柴米钱，只等来日天明。当夜无事。次早五更起来，子父两个先打火做饭，吃罢，收拾了。天色微明，只见鲁提辖大踏步走入店里来，高声叫道："店小二，那里是金老歇处？"小二哥道："金公，提辖在此寻你。"金老开了房门，便道："提辖官人里面请坐。"鲁达道："坐甚么！你去便去，等甚么！"金老引

 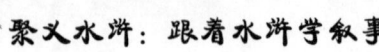

了女儿，挑了担儿，作谢提辖，便待出门。店小二拦住道："金公，那里去？"鲁达问道："他少你房钱？"小二道："小人房钱，昨夜都算还了。须欠郑大官人典身钱，着落在小人身上看管他哩。"鲁提辖道："郑屠的钱，洒家自还他。你放这老儿还乡去。"那店小二那里肯放。**鲁达大怒，叉开五指，去那小二脸上只一掌，打得那店小二口中吐血，再复一拳，打下当门两个牙齿**。小二爬将起来，一道烟走向店里去躲了。店主人那里敢出来拦他。金老父子两个，忙忙离了店中，出城自去寻昨日觅下的车儿去了。

　　且说鲁达寻思，恐怕店小二赶去拦截他，且向店里掇条凳子，<u>坐了两个时辰</u>。约莫金公去的远了，方才起身，径到状元桥来。

　　……郑屠大怒，两条忿气从脚底下直冲到顶门，心头那一把无明业火焰腾腾的按捺不住，从肉案上抢了一把剔骨尖刀，托地跳将下来。鲁提辖早拔步在当街上。众邻舍并十来个火家，那个敢向前来劝？两边过路的人都立住了脚，和那店小二也惊的呆了。

　　郑屠右手拿刀，左手便来要揪鲁达。被这鲁提辖就势按住左手，赶将入去，望小腹上只一脚，腾地踢倒在当街上。鲁达再入一步，踏住胸脯，提起那醋钵儿大小拳头，看着这郑屠道："洒家始投老种经略相公，做到关西五路廉访使，也不枉了叫作镇关西。你是个卖肉的操刀屠户，狗一般的人，也叫作镇关西！你如何强骗了金翠莲！"噗的只一拳，正打在鼻子上，打得鲜血迸流，

	此处写打店小二，因非主要情节，所以略写。
	此段写"坐了两个时辰"，却用笔墨极少，体现的就是叙事的节奏变化。
	此处略去"切臊子"过程，详情见原著。
	此段为主要情节，故作者详写，请同学们注意作者怎样详写的。
	第一拳，点出打在哪里，补写打得如何，用了什么修辞。

鼻子歪在半边,却便似开了个油酱铺:咸的、酸的、辣的,一发都滚出来。郑屠挣不起来,那把尖刀也丢在一边,口里只叫:"打得好!"鲁达骂道:"直娘贼!还敢应口。"提起拳头来就眼眶际眉梢只一拳,打得眼棱缝裂,乌珠迸出,也似开了个彩帛铺的:红的、黑的、绛的,都绽将出来。两边看的人惧怕鲁提辖,谁敢向前来劝?郑屠当不过讨饶。鲁达喝道:"咄!你是个破落户,若是和俺硬到底,洒家倒饶了你。你如何对俺讨饶,洒家偏不饶你!"又只一拳,太阳上正着,却似做了一个全堂水陆的道场:磬儿、钹儿、铙儿一齐响。鲁达看时,只见郑屠挺在地下,口里只有出的气,没了入的气,动弹不得。鲁提辖假意道:"你这厮诈死,洒家再打。"只见面皮渐渐地变了,鲁达寻思道:"俺只指望痛打这厮一顿,不想三拳真个打死了他。洒家须吃官司,又没人送饭,不如及早撒开。"拔步便走,回头指着郑屠尸道:"你诈死,洒家和你慢慢理会。"一头骂,一头大踏步去了。街坊邻舍并郑屠的火家,谁敢向前来拦他。

> 第二拳,点出打在哪里,补写打得如何,比喻换了什么角度。

> 第三拳,点出打在哪里,比喻修辞的角度又有何变化。

鲁提辖回到下处,急急卷了些衣服盘缠,细软银两,但是旧衣粗重都弃了。提了一条齐眉短棒,奔出南门,一道烟走了。

> 故事结尾十分简略,交代清楚即可,切勿拖沓。

——节选自 第3回 史大郎夜走华阴县 鲁提辖拳打镇关西

【实战操练】

1. "拳打镇关西"一段,除了动作描写之外,还有哪些描写?分别找出来。

2. 选文第二段写鲁达坐了两个时辰，笔墨极简省；而第 4 段写其三拳打死镇关西，时间极短，却洋洋洒洒写了几百字。以此为例说说作者叙事节奏把握的妙处。

3. 模仿作者第四段写法，扩写"鲁达拳打店小二"。

【拓展训练】

以你最熟悉的一个人为模特，选择他（她）最典型的三四件事作为素材，写一篇小文，表现他（她）的性格品质。要求：条理清晰，有详有略。

第三讲：遣词造句有学问

【技法要旨】

这里所说的遣词造句不是指叙事中"普通"的词句，而是指叙事过程中关键环节的关键字、关键词、关键句的推敲选用。

遣词造句的一般要求是准确，更高的要求是生动传神。在叙事的过程中，同学们还无法做到通篇字字句句都精雕细琢，这就要求在某些"局部"能够妙笔生花。通常情况下，关键人物的描写需要雕琢词句，详写部分需要雕琢词句，开头和结尾部分虽提倡简练，但也要求字句雕琢。

词语的雕琢一般是动词、形容词的选用，个别情况下虚词的作用也不可忽视。

造句比较复杂，有的涉及运用恰当的修辞手法，有的需要考虑句式的变化。

【原著点析】

次日五更时分，众道士起来，备下香汤斋供。请太尉起来，香汤沐浴，**换了**一身新鲜布衣，脚下**穿**上麻鞋草履，**吃了**素斋，**取过**丹诏，用黄罗包袱**背**在脊梁上，手里**提着**银手炉，降降地**烧着**御香。许多道众人等，送到后山，指与路径。真人又禀道："太尉要救万民，休生退悔之心，只顾志诚上去。"太尉别了众人，口诵天尊宝号，纵步上山来。将至半山，望见大顶直侵霄汉，果然

注意这一连串动词的选用。

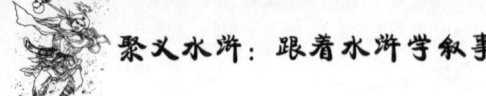

聚义水浒：跟着水浒学叙事

好座大山。正是：

> 根盘地角，顶接天心。远观磨断乱云痕，近看平吞明月魄。高低不等谓之山，侧石通道谓之岫，孤岭崎岖谓之路，上面极平谓之顶，头圆下壮谓之峦，隐虎藏豹谓之穴，隐风隐云谓之岩，高人隐居谓之洞，有境有界谓之府，樵人出没谓之径，能通车马谓之道，流水有声谓之涧，古渡源头谓之溪，岩崖滴水谓之泉。左壁为掩，右壁为映。出的是云，纳的是雾。锥尖象小，崎峻似峭，悬空似险，削刈如平。千峰竞秀，万壑争流。瀑布斜飞，藤萝倒挂。虎啸时风生谷口，猿啼时月坠山腰。恰似青黛染成千块玉，碧纱笼罩万堆烟。

《水浒传》中这类诗、词、赞文比比皆是。
在文中多用为描写，综合运用多种修辞、表现手法、句式，最能体现作者遣词造句的功夫。
反复品读，看看你找出了哪些妙处。

这洪太尉独自一个，行了一回，盘坡转径，揽葛攀藤。约莫走过了数个山头，三二里多路，看看脚酸腿软，正走不动，口里不说，肚里踌躇，心中想道："我是朝廷贵官公子，在京师时重茵而卧，列鼎而食，尚兀自倦怠；何曾穿草鞋，走这般山路！知他天师在那里，却教下官受这般苦！"又行不到三五十步，掇着肩气喘。只见山坳里起一阵风，风过处，向那松树背后奔雷也似吼一声，扑地跳出一个吊睛白额锦毛大虫来。洪太尉吃了一惊，叫声："啊呀！"扑地望后便倒。偷眼看那大虫时，但见：

洪太尉是朝廷高官，他的语言文绉绉的，符合其身份。

> 毛披一带黄金色，爪露银钩十八只。

下篇

　　睛如闪电尾如鞭，口似血盆牙似戟。
　　伸腰展臂势狰狞，摆尾摇头声霹雳。
　　山中狐兔尽潜藏，涧下獐狍皆敛迹。

　　那大虫望着洪太尉，左盘右旋，咆哮了一回，托地望后山坡下跳了去。**洪太尉倒在树根底下，唬的三十六个牙齿捉对儿厮打，那心头一似十五个吊桶，七上八落的响，浑身却如重风麻木，两腿一似斗败公鸡，口里连声叫苦**。大虫去了一盏茶时，方才爬将起来，再收拾地上香炉，还把龙香烧着，再上山来，务要寻见天师。又行过三五十步，口里叹了数口气，怨道："皇帝御限差俺来这里，教我受这场惊恐。"说犹未了，只觉得那里又一阵风，吹得毒气直冲将来。太尉定睛看时，山边竹藤里簌簌地响，抢出一条**吊桶大小、雪花也似**蛇来。太尉见了，又吃一惊，撇了手炉，叫一声："我今番死也！"望后便倒在盘砣石边。**微闪开眼来看**那蛇时，但见：

　　昂首惊飙起，掣目电光生。动荡则折峡倒冈，呼吸则吹云吐雾。鳞甲乱分千片玉，尾梢斜卷一堆银。

　　那条大蛇径____到盘砣石边，朝着洪太尉____做一堆，两只眼____金光，____巨口，____舌头，____那毒气在洪太尉脸上。惊得太尉_____。那蛇看了洪太尉一回，望山下一溜，却早不见了。太尉方才爬得起来，

此段描写综合运用了比拟、引用、比喻修辞，生动传神。

大小、颜色形容准确。

符合实际，准确传神。

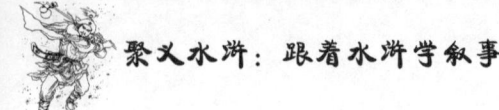

说道:"惭愧!惊杀下官!"看身上时,寒栗子比馉饳儿大小。口里骂那道士:"叵耐无礼,戏弄下官,教俺受这般惊恐!若山上寻不见天师,下去和他别有话说。"

——节选自 第1回 张天师祈禳瘟疫 洪太尉误走妖魔

【实战操练】

1. 补全最后一段略去的文字。

2. 从修辞和表现手法的角度赏析上文描写大蛇的赞文。

3. 把描写老虎的诗改写成一段小文。

【拓展训练】

智深相了一相,走到树前,把直裰脱了,用右手向下,把身倒缴着;却把左手拔住上截,把腰只一趁,将那株绿杨树带根拔起。

——节选自 第7回 花和尚倒拔垂杨柳 豹子头误入白虎堂

1. 模拟鲁智深的动作,看看动词选用是否恰当。
2. 运用所学的遣词造句方法,扩写上文。

第四讲：顺逆穿插要恰当

【技法要旨】

顺逆穿插，是指叙事的顺序，一般有正叙、倒叙、插叙、补叙等。

正叙即按照时间发展顺序进行叙述。倒叙是先交代事情的结局，在从头说起。插叙是在正叙的事件中插入与其相关联的另一件事。补叙是在一件事情叙述完毕以后，再补充叙述一件事情，往往是解答正叙事件中的谜团。

一般情况下，正叙是行文的主要顺序，其他叙述手法起辅助作用，主次与详略必须分清。正叙在《水浒传》中比比皆是，这里不专门举例分析。

【原著点析】

（一）

话说当时施恩向前说道："兄长请坐。待小弟备细告诉衷曲之事。"武松道："小管营不要文文绉绉，拣紧要的话直说来。"施恩道："小弟自幼从江湖上师父学得些小枪棒在身，孟州一境起小弟一个诨名，叫作金眼彪。小弟此间东门外有一座市井，地名唤做快活林。但是山东、河北客商们，都来那里做买卖，有百十处大客店，三二十处赌坊、兑坊。往常时，小弟一者倚仗随身本事，二者捉着营里有八九十个弃命囚徒，去那里开着一个酒肉店，都分与众店家和赌坊、兑坊里。但有过路

<small>这里通过对话，引出事情的来龙去脉，是倒叙的一种常见手法。用以交代缘由。</small>

妓女之人,到那里来时,先要来参见小弟,然后许他去趁食。那许多去处每朝每日都有闲钱,月终也有三二百两银子寻觅,如此赚钱。近来被这本营内张团练,新从东潞州来,带一个人到此。那厮姓蒋名忠,有九尺来长身材,因此,江湖上起他一个诨名,叫作蒋门神。那厮不说长大,原来有一身好本事,使得好枪棒,拽拳飞脚,相扑为最。自夸大言道:'三年上泰岳争跤,不曾有对;普天之下,没我一般的了!'因此来夺小弟的道路。小弟不肯让他,吃那厮一顿拳脚打了,两个月起不得床。前日兄长来时,兀自包着头,兜着手,直到如今,伤痕未消。……"

——节选自 第29回 施恩重霸孟州道 武松醉打蒋门神

(二)

《念奴娇·赤壁怀古》:

大江东去,浪淘尽,千古风流人物。故垒西边,人道是,三国周郎赤壁。乱石穿空,惊涛拍岸,卷起千堆雪。江山如画,一时多少豪杰!遥想公瑾当年,小乔初嫁了,雄姿英发。羽扇纶巾,谈笑间,樯橹灰飞烟灭。故国神游,多情应笑我,早生华发。人生如梦,一樽还酹江月。

话说这篇词,乃《念奴娇》,是这故宋时东坡先生题咏赤壁怀古。汉末三分,**曹操起兵百万之众,水陆并进。被周瑜用火,孔明祭风,跨江一战,杀得血染波红,尸如山叠**。为何自家引这一段故事,将大比小?说不了江

此处借引用苏东坡《念奴娇》词,插入赤壁之战,属于插叙,用以类比。

州城外白龙庙中，梁山泊好汉小聚义，劫了法场，救得宋江、戴宗。正是晁盖、花荣、黄信、吕方、郭盛、刘唐、燕顺、杜迁、宋万、朱贵、王矮虎、郑天寿、石勇、阮小二、阮小五、阮小七、白胜，共是一十七人，领带着八九十个悍勇壮健小喽啰；浔阳江上来接应的好汉，张顺、张横、李俊、李立、穆弘、穆春、童威、童猛、薛永九筹好汉，也带四十余人，都是江面上做私商的火家，撑驾三只大船，前来接应；城里黑旋风李逵引众人杀至浔阳江边，两路救应，通共有一百四五十人，都在白龙庙里聚义。只听得小喽啰报道："江州城里军兵，擂鼓摇旗，鸣锣发喊，追赶到来。"

——节选自 第41回 宋江智取无为军 张顺活捉黄文炳

（三）

只见那七个贩枣子的客人，立在松树旁边，指着这一十五人说道："倒也，倒也！"只见这十五个人，头重脚轻，一个个面面厮觑，都软倒了。那七个客人从松树林里推出这七辆江州车儿，把车子上枣子都丢在地上，将这十一担金珠宝贝，却装在车子内，叫声："聒噪！"一直望黄泥冈下推了去。杨志口里只是叫苦，软了身体，挣扎不起。十五人眼睁睁地看着那七个人都把这金宝装了去，只是起不来，挣不动，说不的。

我且问你：这七人端的是谁？不是别人，原来正是晁盖、吴用、公孙胜、刘唐、三阮这七个。却才那个挑

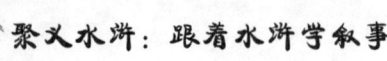

酒的汉子，便是白日鼠白胜。却怎地用药？原来挑上冈子时，两桶都是好酒。七个人先吃了一桶，刘唐揭起桶盖，又兜了半瓢吃，故意要他们看着，只是教人死心塌地。次后，吴用去松林里取出药来，抖在瓢里，只做赶来饶他酒吃，把瓢去兜时，药已搅在酒里，假意兜半瓢吃，那白胜劈手夺来，倾在桶里。这个便是计策。那计较都是吴用主张。这个唤做"智取生辰纲"。

——节选自　第16回　杨志押送金银担　吴用智取生辰纲

此处为补叙。在事件叙述结束之后，用设问的方式，补充交代上文中可能出现的读者疑问。

【实战操练】

1. 阅读选文一，说说这段倒叙在叙事过程中的作用。

2. 阅读选文二，讨论插入部分在叙事过程中起怎样的作用。

3. 阅读选文三，尝试把补叙部分插入下文，看看能否成功，并思考原因。

那汉子口里唱着，走上冈子来，松林里头歇下担桶，坐地乘凉。众军看见了，便问那汉子道："你桶里是甚么东西？"那汉子应道："是白酒。"众军道："挑往那里去？"那汉子道："挑去村里卖。"众军道："多少钱一桶？"那汉子道："五贯足钱。"众军商量道："我们又热又渴，何不买些吃？也解暑气。"正在那里凑钱。杨志见了，喝道："你们又做甚么？"众军道："买碗酒吃。"杨志

调过朴刀杆便打,骂道:"你们不得洒家言语,胡乱便要买酒吃,好大胆!"众军道:"没事又来鸟乱!我们自凑钱买酒吃,干你甚事?也来打人!"杨志道:"你这村鸟,理会的甚么!到来只顾吃嘴,全不晓得路途上的勾当艰难。多少好汉,被蒙汗药麻翻了!"那挑酒的汉子看着杨志冷笑道:"你这客官好不晓事,早是我不卖与你吃,却说出这般没气力和话来。"

　　正在松树边闹动争说,只见对面松林里那伙贩枣子的客人,都提着朴刀走出来问道:"你们做甚么闹?"那挑酒的汉子道:"我自挑这酒过冈子村里卖,热了在此歇凉。他众人要问我买些吃,我又不曾卖与他。这个客官道我酒里有甚么蒙汗药。你道好笑么?说出这般话来!"那七个客人说道:"我只道有歹人出来,原来是如此,说一声也不打紧。我们正想酒来解渴,既是他们疑心,且卖一桶与我们吃。"那挑酒的道:"不卖,不卖!"这七个客人道:"你这鸟汉子也不晓事,我们须不曾说你。你左右将到村里去卖,一般还你钱。便卖些与我们,打甚么不紧?看你不道得舍施了茶汤,便又救了我们热渴。"那挑酒的汉子便道:"卖一桶与你,不争,只是被他们说得不好。又没碗瓢舀吃。"那七人道:"你这汉子忒认真,便说了一声,打甚么不紧。我们自有椰瓢在这里。"只见两个客人去车子前取出两个椰瓢来,一个捧出一大捧枣子来。七个人立在桶边,开了桶盖,轮替换着舀那酒吃,把枣子过口。无一时,一桶酒都吃尽了。七个客人道:"正不曾问得你多少价钱?"那汉道:"我一了不说价,五贯足钱一桶,十贯一担。"七个客人道:"五贯便依你五贯,只饶我们一瓢吃。"那汉道:"饶不得,做定的价钱。"一个客人把钱还他,一个客人便去揭开桶盖,兜了一瓢,拿上便吃,那汉去夺时,这客人手拿半瓢酒,望松林里便走,那汉赶将去。只见这边一个客人从松林里走将出来,手里拿一个瓢,便来桶里舀了一瓢酒。那汉看见,抢来劈手夺住,望桶里一倾,便盖了桶盖,将瓢望地下一丢,口里说道:"你这客人好不君子相!戴头识脸的,也这般啰唣。"

　　那对过众军汉见了,心内痒起来,都待要吃。数中一个看着老都管道:

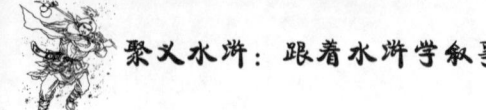
聚义水浒：跟着水浒学叙事

"老爷爷与我们说一声。那卖枣子的客人买他一桶吃了，我们胡乱也买他这桶吃，润一润喉也好。其实热渴了，没奈何，这里冈子上又没讨水吃处。老爷方便！"老都管见众军所说，自心里也要吃得些，竟来对杨志说："那贩枣子客人已买了他一桶酒吃，只有这一桶，胡乱教他们买了避暑气。冈子上端的没处讨水吃。"杨志寻思道："俺在远远处望，这厮们都买他的酒吃了，那桶里当面也见吃了半瓢，想是好的。打了他们半日，胡乱容他买碗吃罢。"杨志道："既然老都管说了，教这厮们买吃了便起身。"众军健听了这话，凑了五贯足钱来买酒吃。那卖酒的汉子道："不卖了，不卖了！"便道："这酒里有蒙汗药在里头！"众军赔着笑说道："大哥，直得便还言语！"那汉道："不卖了，休缠！"这贩枣子的客人劝道："你这个鸟汉子，他也说得差了，你也忒认真，连累我们也吃你说了几声。须不关他众人之事，胡乱卖与他众人吃些。"那汉道："没事讨别人疑心做甚么？"这贩枣子客人把那卖酒的汉子推开一边，只顾将这桶酒提与众军去吃。那军汉开了桶盖，无甚舀吃，陪个小心，问客人借这椰瓢用一用。众客人道："就送这几个枣子与你们过酒。"众军谢道："甚么道理。"客人道："休要相谢，都是一般客人，何争在这百十个枣子上。"众军谢了，先兜两瓢，叫老都管吃了一瓢，杨提辖吃一瓢。杨志那里肯吃。老都管自先吃了一瓢。两个虞候各吃一瓢。众军汉一发上，那桶酒登时吃尽了。杨志见众人吃了无事，自本不吃，一者天气甚热，二乃口渴难熬，拿起来，只吃了一半，枣子分几个吃了。那卖酒的汉子说道："这桶酒被那客人饶一瓢吃了，少了你些酒，我今饶了你众人半贯钱罢。"众军汉凑出钱来还他。那汉子收了钱，挑了空桶，依然唱着山歌，自下冈子去了。

——节选自　第16回　杨志押送金银担　吴用智取生辰纲

【拓展训练】

以武松路遇哥哥武大为素材，运用倒叙手法，改写武松打虎事件。

第五讲：布局谋篇巧构思

【技法要旨】

要顺利地记述一件事情或几件事情，在动笔之前需要先进行构思，如是一件事情要想清楚先写什么，再写什么，如何开头，如何展开，如何结尾；如是写几件事情，需要想清楚哪件先写，哪件后写，哪件详写，哪件略写……叙事时还要考虑一些表现手法的运用，如比喻、拟人、对比、抑扬、衬托等（这些技法我们会在后面几讲专门训练）。我们把这种动笔写作之前的准备工作叫布局谋篇。例如，曹雪芹在写作《红楼梦》之前，就已经进行了整体构思，先写出了120回的目录。可见，一个巧妙的构思，决定了一篇叙事文章的成败。

一般说来，叙事文章的布局是依照事件发展的过程来安排的，需要考虑结构、技法和主旨表现之间的关系。在此列举一些基本的布局方法，如：一线串珠法，即一条线索贯穿全文；板块缀连法，即最传统的开端、发展、高潮、结局模块谋篇；辐射法，从一个点向外扩展；对举法，正反对照着展开；层进法，层层深入；抑扬法，先扬后抑或先抑后扬；卒彰显志法，到结尾才揭示谜底；等等。

布局谋篇应紧紧围绕立意，为凸显主旨服务，在合理性的基础上，鼓励出奇、出新，不必拘泥于成式。

【原著点析】

看官听说，石秀的武艺不低似孙立，要赚祝家庄人，故意教孙立捉了，使他庄上人一发信他。孙立又暗暗地使邹渊、邹润、乐和去后房里把门户都看了出入的路数。

本回从安排内应写起。

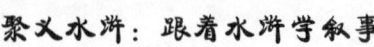

杨林、邓飞见了邹渊、邹润，心中暗喜。乐和张看得没人，便透个消息与众人知了。顾大嫂与乐大娘子在里面，已看了房户出入的门径。话休絮繁。一是祝家庄当败，二乃恶贯满盈。早是祝家庄坦然不疑。

至第五日，孙立等众人都在庄上闲行。当日辰牌时候，早饭已罢，只见庄兵报道："今日宋江分兵做四路，来打本庄。"孙立道："分十路待怎地！你手下人且不要慌，早作准备便了。先安排些挠钩套索，须要活捉，拿死的也不算。"庄上人都披挂了。祝朝奉亲自也引着一班儿上门楼来。**看时**，见正东上一彪人马，当先一个头领，乃是豹子头林冲，背后便是李俊、阮小二，约有五百以上人马在此。正西上，又有五百来人马，当先一个头领，乃是小李广花荣，随背后是张横、张顺。正南门楼上望时，也有五百来人马，当先三个头领，乃是没遮拦穆弘、病关索杨雄，黑旋风李逵。四面都是兵马，战鼓齐鸣，喊声大举。栾廷玉听了道："今日这厮们厮杀，不可轻敌。我引了一队人马出后门，杀这正西北上的人马。"祝龙道："我出前门杀这正东上的人马贼兵。"祝虎道："我也出后门杀那正南上的人马。"祝彪道："我也出前门捉宋江，是要紧的贼首。"**祝朝奉大喜，都赏了酒，各人上马，尽带了三百余骑，奔出庄门**。其余的都守庄院，门楼前呐喊。此时邹渊、邹润已藏了大斧，只守在监门左侧。解珍、解宝藏了暗器，不离后门。孙新、乐和已守定前门左右。顾大嫂先拨人兵保护乐大娘子，却自拿了两把双刀，在堂前蹑，只听风声，便乃下手。

> 整体仍以时间发展为序，此段写庄内。

> 以祝家人视角铺排四路人马，为下文布局张目。

> 主力出庄，为内应行动提供可能。

> 此段写内应行动。

且说祝家庄上擂了三通战鼓，放了一个炮，把前后门都开，放下吊桥，一齐杀将出来。四路军兵出了门，四下里分头去厮杀。临后，孙立带了十数个军兵，立在吊桥上门里。孙新便把原带来的旗号插起在门楼上。乐和便提着枪，直唱将入来。邹渊、邹润听得乐和唱，便呼哨了几声，抡动大斧，早把守监房的庄兵砍翻了数十个，便开了陷车，放出七只大虫来。个个寻了器械，一声喊起，顾大嫂掣出两把刀，直奔入房里。把应有妇人，一刀一个，尽都杀了。祝朝奉见头势不好了，却待要投井时，早被石秀一刀剁翻，割了首级。那十数个好汉，分投来杀庄兵。后门头解珍、解宝，便去马草堆里放起把火，黑焰冲天而起。

四路人马见庄上火起，并力向前。祝虎见庄里火起，先奔回来。孙立守在吊桥上，大喝一声："你那厮那里去？"拦住吊桥。祝虎省口，便拨转马头，再奔宋江阵上来。这里吕方、郭盛两戟齐举，早把祝虎和人连马，搠翻在地。众军乱上，剁做肉泥。前军四散奔走。孙立、孙新迎接宋公明入庄。

且说东路祝龙斗林冲不住，飞马望庄后而来。到得吊桥边，见后门头解珍、解宝把庄客的尸首，一个个撺将下来火焰里。祝龙急回马望北而走。猛然撞着黑旋风，踊身便到，抡动双斧，早砍翻马脚。祝龙措手不及，倒撞下来。被李逵只一斧，把头劈翻在地。祝彪见庄兵走来报知，不敢回，直望扈家庄投奔。被扈成叫庄客捉了，绑缚下，正解将来见宋江。恰好遇着李逵，只一斧砍翻祝彪头来。庄客都四散走了。李逵再抡起双斧，便看着

以下几段分写庄外战况，扣住上文四路人马依次写来。

详写东路，东路详写李逵。

扈成砍来。扈成见局面不好，拍马落荒而走，弃家逃命，投延安府去了。**后来中兴内，也做了个军官武将。** 　　此处补叙一笔。

　　且说李逵正杀得手顺，直抢入扈家庄里，把扈太公一门老幼，尽数杀了，不留一个。叫小喽啰牵了有的马匹，把庄里一应有的财赋，捎搭有四五十驮，将庄院门一把火烧了。却回来献纳。

　　再说宋江已在祝家庄上正厅坐下。众头领都来献功。　　再写庄内，详写李逵献功，并补叙前情。
生擒得四五百人，夺得好马五百余疋，活捉牛羊不计其数。宋江看了，大喜道："只可惜杀了栾廷玉那个好汉。"正嗟叹间，闻人报道："黑旋风烧了扈家庄，砍得头来献纳。"宋江便道："前日扈成已来投降，谁教他杀了此人？如何烧了他庄院？"只见黑旋风一身血污，腰里插着两把板斧，直到宋江面前，唱个大喏，说道："祝龙是兄弟杀了，祝彪也是兄弟砍了。扈成那厮走了。扈太公一家都杀得干干净净。兄弟特来请功。"宋江喝道："祝龙曾有人见你杀了，别的怎地是你杀了？"黑旋风道："我砍得手顺，望扈家庄赶去，正撞见一丈青的哥哥，解那祝彪出来，被我一斧砍了。只可惜走了扈成那厮。他家庄上，被我杀得一个也没了。"宋江喝道："你这厮，谁叫你去来！你也须知扈成前日牵牛担酒，前来投降了。如何不听得我的言语，擅自去杀他一家，故违了我的将令？"李逵道："你便忘记了，我须不忘记！那厮前日教那个乌婆娘赶着哥哥要杀，你今却又做人情。你又不曾和他妹子成亲，便又思量阿舅丈人！"宋江喝道："你这铁牛，休得胡说！我如何肯要这妇人？我自有个处置。你这黑厮拿得活的有

几个？"李逵答道："谁鸟奈烦！见着活的便砍了。"宋江道："你这厮违了我的军令，本合斩首。且把杀祝龙、祝彪的功劳折过了。下次违令，定行不饶。"黑旋风笑道："虽然没了功劳，也吃我杀得快活。"

只见军师吴学究引着一行人马，都到庄上来，与宋江把盏贺喜。宋江与吴用商议道："要把这祝家庄村坊洗荡了。"石秀禀说起："这钟离老人仁德之人，指路之力，救济大恩，也有此等善心良民在内，亦不可屈坏了这等好人。"宋江听罢，叫石秀去寻那老人来。石秀去不多时，引着那个钟离老人来到庄上，拜见宋江、吴学究。宋江取一包金帛，赏与老人，永为乡民。"不是你这个老人面上有恩，把你这个村坊尽数洗荡了，不留一家。因为你一家为善，以此饶了你这一境村坊人民。"那钟离老人，只是下拜。宋江又道："我连日在此搅扰你们百姓，今日打破了祝家庄，与你村中除害。所有各家，赐粮米一石，以表人心。"就着钟离老人为头给散。一面把祝家庄多余粮米，尽数装载上车，金银财赋，犒赏三军众将。其余牛羊骡马等物，将去山中支用。打破祝家庄，得粮五千万石。宋江大喜。大小头领将军马收拾起身，又得若干新到头领，孙立、孙新、解珍、解宝、邹渊、邹润、乐和、顾大嫂，并救出七个好汉。孙立等将自己马也稍带了自己的财赋同老小，乐大娘子，跟随了大队军马上山。当有村坊乡民，扶老挈幼，香花灯烛，于路拜谢宋江等。众将一齐上马。将军兵分作三队摆开。前面鞭敲金镫，后军齐唱凯歌。但见：

补叙钟离老人事，以此结尾。

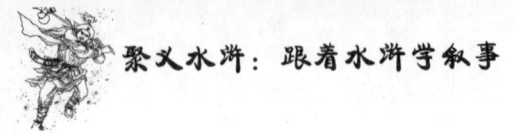

云开见日，雾散天清。旱苗得时雨重生，枯树遇春风再活。一鞭喜色，如龙骏马赴梁山。满面笑容，似虎雄兵归大寨。车上满装粮草，军中尽是降兵。风卷旌旗，将将齐敲金镫响。春风宇宙，人人都唱凯歌回。

宋江把这祝家庄兵都收在部下，一行军马，尽出村口。乡民百姓，自把祝家庄村坊拆作白地。

——第50回　吴学究双掌连环计　宋公明三打祝家庄

【实战操练】

1. 三打祝家庄需要叙述的角度很多，庄内庄外，四路对敌人马，仔细阅读选文，说说作者是如何布局谋篇的。

2. 这一回中特别多的笔墨写了李逵，分析李逵的行动在叙事中的作用。

3. 重新组织这一部分故事，写出你的构思提纲，并与原作比较。

【拓展训练】

同学们都有参加学校运动会的经历，仔细回忆运动会的场景，按照一定顺序进行描写。

第六讲：伏笔照应设悬念

【技法要旨】

伏笔和照应是叙事过程中最常用的技法。所谓伏笔，是在叙事过程中故意留下一处"线索"，也叫埋伏笔；所谓照应，即前有所呼，后有所应，因此也叫呼应。叙事中前文埋下的伏笔，在后文中有所交代，也是照应。

善于埋伏笔，可以使叙事过程增添悬念；恰当的呼应，体现出文章逻辑的严谨和作者构思的巧妙。二者配合使用，可以增强叙事效果，使文章增色。

【原著点析】

当夜直吃到四更时分，安排些饭食，李逵吃了，趁五更晓星残月，霞光明朗，便投村里去。朱贵吩咐道："休从小路去，只从大朴树转弯，投东大路，一直往百丈村去，便是董店东。快取了母亲来，和你早回山寨去。"李逵道："我自从小路去，却不近？大路走，谁耐烦！"朱贵道："小路走，多大虫，又有乘势夺包裹的剪径贼人。"李逵应道："我却怕甚鸟！"戴上毡笠儿，提了朴刀，跨了腰刀，别了朱贵、朱富，便出门投百丈村来。

> 为何不教走小路？此处设悬念。

> 交代原因，为下文埋伏笔。

约行了数十里，天色渐渐微明，去那露草之中，赶出一只白兔儿来，望前路去了。李逵赶了一直，笑道："那畜生倒引了我一程路。"

正走之间，只见前面有五十来株大树丛杂，时值新

聚义水浒：跟着水浒学叙事

秋，叶儿正红。李逵来到树林边厢，**只见转过一条大汉，喝道："是会的留下买路钱，免得夺了包裹。"** 李逵看那人时，戴一顶红绢抓髻儿头巾，穿一领粗布衲袄，**手里拿着两把板斧**，把黑墨搽在脸上。李逵见了，大喝一声："你这厮是甚么鸟人？敢在这里剪径！"那汉道："若问我名字，吓碎你心胆，老爷叫作黑旋风。你留下买路钱并包裹，便饶了你性命，容你过去。"李逵大笑道："没你娘鸟兴！你这厮是甚么人？那里来的？也学老爷名目，在这里胡行。"李逵挺起手中朴刀，来奔那汉，那汉那里抵挡得住，**却待要走，早被李逵腿股上一朴刀，搠翻在地**，一脚踏住胸脯，喝道："认得老爷么？"那汉在地下叫道："爷爷，饶恁孩儿性命！"李逵道："我正是江湖上的好汉黑旋风李逵，便是你这厮辱莫老爷名字。"那汉道："小人虽然姓李，不是真的黑旋风。为是爷爷江湖上有名目，提起好汉大名，神鬼也怕，因此小人盗学爷爷名目，胡乱在此剪径。但有孤单客人经过，听得说了黑旋风三个字，便撇了行李，逃奔了去，以此得这些利息，实不敢害人。小人自己的贼名叫做李鬼，只在这前村住。"李逵道："叵耐这厮无礼，却在这里夺人的包裹行李，坏我的名目，学我使两把板斧，且教他先吃我一斧。"劈手夺过一把斧来便砍，李鬼慌忙叫道："爷爷杀我一个，便是杀我两个。"李逵听得，住了手问道："怎的杀你一个，便是杀你两个？"李鬼道："小人本不敢剪径，家中因有个九十岁的老母，无人养赡，因此小人单题爷爷大名唬吓人，夺些单身的包裹，养赡老母。其实

| 照应上文，果然遇到剪径贼人。 |

| 外貌描写，也是伏笔。找找照应在哪里。 |

| 动作描写，也是伏笔。找出下文照应部分。 |

并不曾敢害了一个人。如今爷爷杀了小人，家中老母，必是饿杀。"

李逵虽是个杀人不眨眼的魔君，听的说了这话，自肚里寻思道："我特地归家来取娘，却倒杀了一个养娘的人，天地也不容我。罢，罢！我饶了你这厮性命。"放将起来，李鬼手提着斧，纳头便拜。李逵道："只我便是真黑旋风，你从今以后，休要坏了俺的名目。"李鬼道："小人今番得了性命，自回家改业，再不敢倚着爷爷名目，在这里剪径。"李逵道："**你有孝顺之心，我与你十两银子做本钱，便去改业。**"李逵便取出一锭银子，把与李鬼，拜谢去了。

李逵自笑道："这厮却撞在我手里。既然他是个孝顺的人，必去改业，我若杀了他，也不合天理。我也自去休。"拿了朴刀，一步步投山僻小路而来。

走到巳牌时分，看看肚里又饥又渴，四下里都是山径小路，不见有一个酒店饭店。正走之间，只见远远在山坳里露出两间草屋。李逵见了，奔到那人家里来，只见后面走出一个妇人来，髻鬓边插一簇野花，搽一脸胭脂铅粉。李逵放下朴刀道："嫂子，我是过路客人，肚中饥饿，寻不着酒食店，我与你一贯足钱，央你回些酒饭吃。"那妇人见了李逵这般模样，不敢说没，只得答道："酒便没买处，饭便做些与客人吃了去。"李逵道："也罢。只多做些个，正肚中饥出鸟来。"那妇人道："做一升米不少么？"李逵道："做三升米饭来吃。"那妇人向厨中烧起火来，便去溪边淘了米，将来做饭。

语言描写，也是伏笔。照应在下文何处？

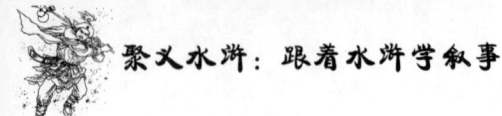

聚义水浒：跟着水浒学叙事

　　李逵却转过屋后山边来净手，只见一个汉子蹑手蹑脚从山后归来。李逵转过屋后听时，那妇人正要上山讨菜，开后门，见了，便问道："大哥，那里闪癞了腿？"那汉子应道："大嫂，我险些儿和你不厮见了，你道我晦鸟气么？指望出去等个单身的过，整整等了半个月，不曾发市，甫能今日抹着一个，你道是谁？原来正是那真黑旋风。却恨撞着那驴鸟，我如何敌得他过？倒吃他一朴刀，掀翻在地，定要杀我，吃我假意叫道：'＿＿＿'他便问我缘故，我便告道：'＿＿＿'那驴鸟真个信我，饶了我性命，又与我一个银子做本钱，教我改了业养娘。我恐怕他省悟了，赶将来，且离了那林子里僻静处睡了一回，从后山走回家来。"那妇人道："休要高声。却才一个黑大汉来家中，教我做饭，莫不正是他。如今在门前坐地，你去张一张看。若是他时，你去寻些麻药来，放在菜内，教那厮吃了，麻翻在地，我和你却对付了他，谋得他些金银，搬往县里住，去做些买卖，却不强似在这里剪径！"

　　——节选自　第43回　假李逵剪径劫单人　黑旋风沂岭杀四虎

【实战操练】

　　1. 找出选文中伏笔和照应之处，并说说其在叙事中的作用。

2. 根据上文，补充文中空格内容。

【拓展训练】

根据本回标题提示和选文伏笔，续写一段文字，照应题目和上文。

这里只说李逵怕李达领人赶来，背着娘，只望乱山深处僻静小路而走。看看天色晚了——

第七讲：情节波澜不喜平

【技法要旨】

叙事最忌平淡，因此善于叙事者常常人为制造波澜。所谓"山重水复疑无路，柳暗花明又一村"，又说"文似看山不喜平"，跌宕起伏的情节才能引起读者的兴趣。

诗歌创作讲究起、承、转、合。在记叙文中，这个"转"就是制造波澜，有时为了叙事需要，可能一转再转。当然，这种转折必须符合生活实际，至少符合艺术的真实。

一般说来，制造波澜就是在叙事过程中，"制造"一些意外，让读者有出乎意料的感觉，在意外之后的叙事中，再进行合理的解答。一个个意外和解答连接起来，就构成了曲折的故事情节。

【原著点析】

就此日，府尹回来升厅，叫林冲除了长枷，断了二十脊杖，唤个文笔匠刺了面颊，量地方远近，该配沧州牢城。当厅打一面七斤半团头铁叶护身枷钉了，贴了封皮，押了一道牒文，差两个防送公人监押前去。两个人是董超、薛霸。二人领了公文，押送林冲出开封府来。只见众邻舍并林冲的丈人张教头，都在府前接着，同林冲两个公人，到州桥下酒店里坐定。林冲道："多得孙孔目维持，这棒不毒，因此走动得。"张教头叫酒保安

排案酒果子，管待两个公人。酒至数杯，只见张教头将出银两，赏发他两个防送公人已了。林冲执手对丈人说道："泰山在上，年灾月厄，撞了高衙内，吃了一场屈官司。今日有句话说，上禀泰山。自蒙泰山错爱，将令爱嫁事小人，已经三载，不曾有半些儿差池。虽不曾生半个儿女，未曾面红面赤，半点相争。今小人遭这场横事，配去沧州，生死存亡未保。娘子在家，小人心去不稳，诚恐高衙内威逼这头亲事。况兼青春年少，休为林冲误了前程。**却是林冲自行主张，非他人逼迫，小人今日就高邻在此，明白立纸休书，任从改嫁，并无争执。如此，林冲去的心稳，免得高衙内陷害。**"张教头道："林冲，————！你是天年不齐，遭了横事，又不是你作将出来的。今日权且去沧州躲灾避难，早晚天可怜见，放你回来时，依旧夫妻完聚。老汉家中也颇有些过活，明日便取了我女家去，并锦儿，不拣怎的，三年五载，养赡得他。又不叫他出入，高衙内便要见，也不能够。**休要忧心，都在老汉身上。你在沧州牢城，我自频频寄书并衣服于你。休得要胡思乱想，只顾放心去。**"林冲道："感谢泰山厚意，————。泰山可怜见林冲，依允小人，便死也瞑目。"张教头那里肯应承，众邻舍亦说行不得。林冲道："若不依允小人之时，林冲便挣扎得回来，誓不与娘子相聚！"张教头道："既然如此行时，权且由你写下，我只不把女儿嫁人便了。"当时叫酒保寻个写文书的人来，买了一张纸来。那人写，林冲说，道是：

"东京八十万禁军教头林冲，为因身犯重罪，断配沧

| 提出写休书，情节一跌宕。

| 柳暗花明，形势扭转。

| 林冲仍然坚持，又一跌宕。
| 林冲娘子突然出现，情节再转折。

聚义水浒：跟着水浒学叙事

州，去后存亡不保。有妻张氏年少，情愿立此休书，任从改嫁，永无争执。委是自行情愿，即非相逼。恐后无凭，立此文约为照。年月日。"

林冲当下看人写了，借过笔来，去年月下押个花字，打个手模。正在阁里写了，欲付与泰山收时，只见林冲的娘子号天哭地叫将来。女使锦儿抱着一包衣服，一路寻到酒店里。林冲见了，起身接着道："娘子，小人有句话说，已禀过泰山了。为是林冲年灾月厄，遭这场屈事。今去沧州，生死不保，诚恐误了娘子青春，今已写了几字在此。万望娘子休等小人，有好头脑，自行招嫁，莫为林冲误了贤妻。"那妇人听罢，哭将起来，说道："丈夫！"林冲道："娘子，我是好意。恐怕日后两个相误，赚了你。"张教头便道："我儿放心。虽是女婿恁的主张，我终不成下得将你来再嫁人！这事且由他放心去。他便不来时，我也安排你一世的终身盘费，只教你守志便了。"那妇人听得说，心中哽咽，又见了这封书，一时哭倒，声绝在地。未知五脏如何，先见四肢不动。但见：

柳暗花明，情节回转。

见休书，再起波澜。

　　荆山玉损，可惜数十年结发成亲；宝鉴花残，枉费九十日东君匹配。花容倒卧，有如西苑芍药倚朱栏；檀口无言，一似南海观音来入定。小园昨夜春风恶，吹折江梅就地横。

林冲与泰山张教头救得起来，半晌方才苏醒，也自哭不住。林冲把休书与教头收了。众邻舍亦有妇人来劝

诸般矛盾暂时解决，告一段落。

林冲娘子,挽扶回去。张教头嘱咐林冲道:"你顾前程去,挣扎回来厮见。你的老小,我明日便取回去养在家里,待你回来完聚。你但放心去,不要挂念。如有便人,千万频频寄些书信来。"林冲起身谢了,拜辞泰山并众邻舍,背了包裹,随着公人去了。张教头同邻舍取路回家,不在话下。

——节选自 第8回 林教头刺配沧州道 鲁智深大闹野猪林

【实战操练】

1. 阅读上文,找出其中的转折之处,说说这样安排情节的好处。

2. 根据上下文意,补充文中空缺之处的对话。

【拓展训练】

根据本回题目,续写下文,要求写出波澜,不必拘泥于原著。

这座猛恶林子,有名唤做"野猪林",此是东京去沧州路上第一个险峻去处。宋时,这座林子内,但有些冤仇的,使用些钱与公人,带到这里,不知结果了多少好汉在此处。今日,这两个公人带林冲奔入这林子里来。董超道:"走了一五更,走不得十里路程,似此沧州怎的得到。"薛霸道:"我也走不得了,且就林子里歇一歇。"

第八讲：环境描写作用大

【技法要旨】

环境描写分为自然环境描写和社会环境描写，在叙事过程中为人物活动提供了场所。

当然，环境描写不仅仅具备一种作用，有时会为情节发展渲染气氛，有时会烘托人物心情，有时暗示时代背景、人物结局，甚至起到推动情节发展的作用。

【原著点析】

话不絮烦，两个相别了。林冲自来天王堂，取了包裹，带了尖刀，拿了条花枪，与差拨一同辞了管营，两个取路投草料场来。**正是严冬天气，彤云密布，朔风渐起，却早纷纷扬扬卷下一天大雪来。**那雪早下得密了。怎见得好雪？有《临江仙》词为证：

> 作阵成团空里下，这回忒杀堪怜。剡溪冻住子猷船。玉龙鳞甲舞，江海尽平填。宇宙楼台都压倒，长空飘絮飞绵。三千世界玉相连。冰交河北岸，冻了十余年。

大雪下得正紧，林冲和差拨两个在路上又没买酒吃

> 交代天气环境，渲染阴冷气氛，下文都在此环境下展开。

> 继续写雪，一个"紧"字写出了雪之大，同时也为下文压倒草厅伏笔。

处。早来到草料场外看时，一周遭有些黄土墙，两扇大门。推开看里面时，七八间草房做着仓廒，四下里都是马草堆，中间两座草厅。到那厅里，只见那老军在里面向火。差拨说道："管营差这个林冲来替你回天王堂看守，你可即便交割。"老军拿了钥匙，引着林冲，吩咐道："仓廒内自有官司封记，这几堆草一堆堆都有数目。"老军都点见了堆数，又引林冲到草厅上。老军收拾行李，临了说道："火盆、锅子、碗碟，都借与你。"林冲道："天王堂内我也有在那里，你要便拿了去。"老军指壁上挂一个大葫芦，说道："你若买酒吃时，只出草场，投东大路去三二里，便有市井。"老军自和差拨回营里来。

　　只说林冲就床上放了包裹被卧，就坐下生些焰火起来。屋边有一堆柴炭，拿几块来生在地炉里。仰面看那草屋时，四下里崩坏了，又被朔风吹撼，摇振得动。林冲道："这屋如何过得一冬？**待雪晴了**，去城中唤个泥水匠来修理。"向了一回火，觉得身上寒冷，寻思："却才老军所说二里路外有那市井，何不去沽些酒来吃？"便去包裹里取些碎银子，把花枪挑了酒葫芦，将火炭盖了，取毡笠子戴上，拿了钥匙，出来把草厅门拽上。出到大门首，把两扇草场门反拽上，锁了。带了钥匙，信步投东。雪地里踏着碎琼乱玉，迤逦背着北风而行。**那雪正下得紧**。

　　行不上半里多路，看见一所古庙。林冲顶礼道："神明庇佑，改日来烧纸钱。"又行了一回，望见一簇人家。林冲住脚看时，见篱笆中挑着一个草帚儿在露天里。林

仍在点雪，雪成为情节发展的推动因素。

再用"紧"字渲染紧张气氛，推动情节进一步发展。

聚义水浒：跟着水浒学叙事

冲径到店里，主人道："客人那里来？"林冲道："你认得这个葫芦么？"主人看了道："这葫芦是草料场老军的。"林冲道："如何便认的？"店主道："既是草料场看守大哥，且请少坐。天气寒冷，且酌三杯权当接风。"店家切一盘熟牛肉，荡一壶热酒，请林冲吃。又自买了些牛肉，又吃了数杯。就又买了一葫芦酒，包了那两块牛肉，留下碎银子，把花枪挑了酒葫芦，怀内揣了牛肉，叫声相扰，便出篱笆门，依旧迎着朔风回来。**看那雪，到晚越下得紧了**。古时有个书生，做了一个词，单题那贫苦的恨雪：

　　广莫严风刮地，这雪儿下的正好。扯絮挦绵，裁几片大如栲栳。**见林间竹屋茅茨，争些儿被他压倒**。富室豪家，却言道压瘴犹嫌少。向的是兽炭红炉，穿的是棉衣絮袄。手捻梅花，唱道国家祥瑞，不念贫民些小。高卧有幽人，吟咏多诗草。

　　再说林冲**踏着那瑞雪，迎着北风，飞也似奔到草场门口**，开了锁，入内看时，只叫得苦。原来天理昭然，佑护善人义士，因这场大雪，救了林冲的性命。**那两间草厅已被雪压倒了**。林冲寻思："怎地好？"放下花枪、葫芦在雪里，恐怕火盆内有火炭延烧起来。搬开破壁子，探半身入去摸时，火盆内火种都被雪水浸灭了。林冲把手床上摸时，只拽得一条絮被。林冲钻将出来，见天色黑了，寻思："又没打火处，怎生安排？"想起："离了这半里路上，有个古庙，可以安身。我且去那里宿一夜，等到天明却做理会。"把被卷了，花枪挑着酒葫芦，依旧

第三次写"紧"，情势更加紧张。

此处非"暗示"，已经是"明示"。

"飞也似"，情节节奏已经快到极致。

大雪压倒草厅，救了林冲一命。推动情节继续发展。

把门拽上,锁了,望那庙里来。入得庙门,再把门掩上,傍边止有一块大石头,掇将过来,靠了门。入得里面看时,殿上塑着一尊金甲山神,两边一个判官,一个小鬼,侧边堆着一堆纸。团团看来,又没邻舍,又无庙主。林冲把枪和酒葫芦放在纸堆上,将那条絮被放开,先取下毡笠子,把身上雪都抖了,把上盖白布衫脱将下来,早有五分湿了,和毡笠放在供桌上,把被扯来盖了半截下身。却把葫芦冷酒提来便吃,就将怀中牛肉下酒。正吃时,只听得外面毕毕剥剥地爆响。林冲跳起身来,就壁缝里看时,只见草料场里火起,刮刮杂杂烧着。

当时张见草场内火起,四下里烧着。林冲便拿枪,却待开门来救火,只听得前面有人说将话来。林冲就伏在庙听时,是三个人脚步声,且奔庙里来。用手推门,却被林冲靠住了,推也推不开。三人在庙檐下立地看火,数内一个道:"这条计好吗?"一个应道:"端的亏管营、差拨两位用心。回到京师,禀过太尉,都保你二位做大官。这番张教头没的推故。"那人道:"林冲今番直吃我们对付了,高衙内这病必然好了。"又一个道:"张教头那厮,三回五次托人情去说:'你的女婿殁了。'张教头越不肯应承。因此衙内病患看看重了,太尉特使俺两个央浼二位干这件事,不想而今完备了。"又一个道:"小人直爬入墙里去,四下草堆上点了十来个火把,待走那里去!"那一个道:"这早晚烧个八分过了。"又听一个道:"便逃得性命时,烧了大军草料场,也得个死罪。"又一个道:"我们回城里去吧。"一个道:"再看一看,拾

 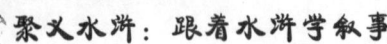

得他一两块骨头回京,府里见太尉和衙内时,也道我们也能会干事。"

　　林冲听那三个人时,一个是差拨,一个是陆虞候,一个是富安。林冲道:"天可怜见林冲,**若不是倒了草厅**,我准定被这厮们烧死了。"轻轻把石头掇开,挺着花枪,一手拽开庙门,大喝一声:"泼贼那里去!"三个人都急要走时,惊得呆了,正走不动。林冲举手肐察的一枪,先戳倒差拨。陆虞候叫声:"饶命!"吓得慌了手脚,走不动。那富安走不到十来步,被林冲赶上,后心只一枪,又戳倒了。翻身回来,陆虞候却才行得三四步。林冲喝声道:"奸贼!你待那里去!"批胸只一提,**丢翻在雪地上**。把枪搠在地里,用脚踏住胸脯,身边取出那口刀来,便去陆谦脸上搁着,喝道:"泼贼!我自来又和你无甚么冤仇,你如何这等害我!正是杀人可恕,情理难容。"陆虞候告道:"不干小人事,太尉差遣,不敢不来。"林冲骂道:"奸贼,我与你自幼相交,今日倒来害我,怎不干你事!且吃我一刀。"把陆谦上身衣服扯开,把尖刀向心窝里只一剜,七窍迸出血来,将心肝提在手里。回头看时,差拨正爬将起来要走。林冲按住喝道:"你这厮原来也恁的歹!且吃我一刀。"又早把头割下来,挑在枪上。回来把富安、陆谦头都割下来。把尖刀插了,将三个人头发结做一处,提入庙里来,都摆在山神面前供桌上。再穿了白布衫,系了搭膊,把毡笠子带上,将葫芦里冷酒都吃尽了。被与葫芦都丢了不要。提了枪,便出庙门投东去。走不到三五里,早见近村人家都拿着

正是大雪的功劳。

仍是人物活动的自然背景。

水桶、钩子来救火。林冲道:"你们快去救应,我去报官了来。"提着枪只顾走。**那雪越下得猛**,但见:

凛凛严凝雾气昏,空中祥瑞降纷纷。须臾四野难分路,顷刻千山不见痕。银世界,玉乾坤,望中隐隐接昆仑。若还下到三更后,仿佛填平玉帝门。

——节选自 第10回 林教头风雪山神庙 陆虞候火烧草料场

一个"猛"字更胜"紧"字,推动情节达到高潮后,仍然渲染悲壮气氛。

【实战操练】

1. 阅读上文,说说作者对雪的描写有何作用。

2. 把选文最后一段赞文改写成一段环境描写,要求渲染悲壮的气氛。

【拓展训练】

1. 描写一段江南的春雨,着重表现江南春天的生机勃勃。

2. 描写一段江南的秋雨,着重表现秋天的萧瑟清冷。

第九讲：人物描写添活力

【技法要旨】

人物是叙事过程中的行为主体，人物形象鲜活，情节自然生动，因此人物描写，是叙事中不可缺少的重要组成部分。

人物描写的角度很多：外貌、语言、动作、神态、心理、细节，还有正面描写和侧面衬托之分。恰当运用人物描写，是成功叙事的基本要求。

一般说来，在叙事过程中，人物初次出场，要进行比较细致的人物描写，以便勾勒出一个不同于他人的形象，之后再出现时只要根据叙事需要来描写某一方面，或语言，或动作，或神态，或其中的几项。不一而足。

【原著点析】

（一）

当下巳牌时分，却值知县退了早衙，县前静悄悄地。何涛走去县对门一个茶坊里坐下吃茶相等，吃了一个泡茶，问茶博士道："今日如何县前怎地静？"茶博士说道："知县相公早衙方散，一应公人和告状的都去吃饭了未来。"何涛又问道："今日县里不知是那个押司直日？"茶博士指着道："今日直日的押司来也。"何涛看时，只见县里走出一个吏员来。看那人时，怎生模样？但见：

眼如丹凤，眉似卧蚕。滴溜溜两耳垂珠，明皎皎双睛点漆。唇方口正，髭须地阁轻盈；额阔顶平，皮肉天仓饱满。坐定时浑如虎相，走动时有若狼形。年及三旬，有养济万人之度量；身躯六尺，怀扫除四海之心机。上应星魁，感乾坤之秀气；下临凡世，聚山岳之降灵。志气轩昂，胸襟秀丽。刀笔敢欺萧相国，声名不让孟尝君。

> 这是《水浒传》最常用的描写人物的方法，看看是怎样描写的。

> 这一段写人纯用大笔勾勒，虽然语言精炼，却写出了丰富的内容。想想对人物形象塑造有何作用。

那押司姓__名__，表字公明，排行第三。为他面黑身矮，人都唤他做____；又且于家大孝，为人仗义疏财，人皆称他做孝义黑三郎。上有父亲在堂，母亲丧早。这____自在郓城县做押司。他刀笔精通，吏道纯熟，更兼爱习枪棒，学得武艺多般。平生只好结识江湖上好汉：但有人来投奔他的，若高若低，无有不纳，便留在庄上馆谷，终日追陪，并无厌倦；若要起身，尽力资助。端的是挥金似土。人问他求钱物，亦不推托。且好做方便，每每排难解纷，只是周全人性命。如常散施棺材药饵，济人贫苦，周人之急，扶人之困。以此山东、河北闻名，都称他做____，却把他比的做天上下的及时雨一般，能救万物。曾有一首《临江仙》赞____好处：

起自花村刀笔吏，英灵上应天星。疏财仗义更多能。事亲行孝敬，待士有声名。济弱扶倾心慷慨，高名冰月双清。及时甘雨四方称。山东呼保义，豪杰宋公明。

聚义水浒：跟着水浒学叙事

（二）

戴宗便起身下去，不多时，引着一个黑凛凛大汉上楼来。宋江看见，吃了一惊，便问道："院长，这大哥是谁？"戴宗道："这个是小弟身边牢里一个小牢子，姓李，名逵，祖贯是沂州沂水县百丈村人氏。本身一个异名，唤做黑旋风李逵。他乡中都叫他做李铁牛。因为打死了人，逃走出来，虽遇赦宥，流落在此江州，不曾还乡。为他酒性不好，多人惧他。能使两把板斧，及会拳棍，现今在此牢里勾当。"有诗为证：

> 家住沂州翠岭东，杀人放火恣行凶。不搽煤墨浑身黑，似着朱砂两眼红。闲向溪边磨巨斧，闷来岩畔斫乔松。力如牛猛坚如铁，撼地摇天黑旋风。

李逵看着宋江问戴宗道："哥哥，这黑汉子是谁？"戴宗对宋江笑道："押司，你看这厮怎么粗鲁，全不识些体面。"李逵便道："我问大哥：怎地是粗鲁？"戴宗道："兄弟，你便请问这位官人是谁便好，你倒却说'这黑汉子是谁'，这不是粗鲁，却是甚么？我且与你说知：这位仁兄，便是闲常你要去投奔他的义士哥哥。"李逵道："莫不是山东及时雨黑宋江？"戴宗喝道："咄！你这厮敢如此犯上，直言叫唤，全不识些高低，兀自不快下拜等几时？"李逵道："若真个是宋公明，我便下拜；若是

想想这是怎样的写人方法，这么写有何好处。

注意语言描写，什么人说什么话，一定要体现人物身份、性格等特征。

这几处描写，才是李逵的性格。

闲人，我却拜甚鸟！节级哥哥，不要瞒我拜了，你却笑我。"宋江便道："我正是山东黑宋江。"李逵**拍手叫道**："我那爷！你何不早说些个，也教铁牛欢喜。"**扑翻身躯便拜**。宋江连忙答礼，说道："壮士大哥请坐。"戴宗道："兄弟，你便来我身边坐了吃酒。"李逵道："**不耐烦小盏吃，换个大碗来筛**。"宋江便问道："却才大哥为何在楼下发怒？"李逵道："我有一锭大银，解了十两小银使用了，却问这主人家挪借十两银子，去赎那大银出来，便还他，自要些使用。叵耐这鸟主人不肯借与我，却待要和那厮放对，打得他家粉碎，却被大哥叫了我上来。"宋江道："只用十两银子去取，再要利钱么？"李逵道："利钱已有在这里了，只要十两本钱去讨。"宋江听罢，便去身边取出一个十两银子，把与李逵，说道："大哥，你将去赎来用度。"戴宗要阻当时，宋江已把出来了。李逵接得银子，便道："却是好也！两位哥哥只在这里等我一等，赎了银子便来送还，就和宋哥哥去城外吃碗酒。"宋江道："且坐一坐，吃几碗了去。"李逵道："我去了便来。"推开帘子，下楼去了。

（三）

话说宋江因躲一杯酒，去净手了，转出廊下来，跐了火锹柄，引得那汉焦躁，跳将起来，就欲要打宋江。柴进赶将出来，偶叫起宋押司，因此露出姓名来。那大汉听得是宋江，跪在地下，那里肯起，说道："小人有眼

聚义水浒：跟着水浒学叙事

不识泰山，一时冒渎兄长，望乞恕罪！"宋江扶起那汉，问道："足下是谁？高姓大名？"柴进指着道："这人是**清河县人氏，姓武名松，排行第二。今在此间一年也。**"宋江道："江湖上多闻说武二郎名字，不期今日却在这里相会。多幸，多幸！"柴进道："偶然豪杰相聚，实是难得。就请同做一席说话。"宋江大喜，携住武松的手，一同到后堂席上，便唤宋清与武松相见。柴进便邀武松坐地。宋江连忙让他一同在上面坐，武松那里肯坐。谦了半晌，武松坐了第三位。柴进教再整杯盘，来劝三人痛饮。宋江在灯下看那武松时，果然是一条好汉。但见：

> 身躯凛凛，相貌堂堂。一双眼光射寒星，两弯眉浑如刷漆。胸脯横阔，有万夫难敌之威风；语话轩昂，吐千丈凌云之志气。心雄胆大，似撼天狮子下云端；骨健筋强，如摇地貔貅临座上。如同天上降魔主，真是人间太岁神。

当下宋江看了武松这表人物，心中甚喜，便问武松道："二郎因何在此？"武松答道："小弟在清河县，因酒后醉了，与本处机密相争，一时间怒起，只一拳打得那厮昏沉。小弟只道他死了，因此一径地逃来，投奔大官人处躲灾避难，今已一年有余。后来打听得那厮却不曾死，救得活了。今欲正要回乡去寻哥哥，不想染患疟疾，不能勾动身回去。却才正发寒冷，在那廊下向火，被兄长踢了锹柄，吃了那一惊，惊出一身冷汗，觉得这

注意"转述"在文中的作用。

病好了。"宋江听了大喜,当夜饮至三更。酒罢,宋江就留武松在西轩下做一处安歇。次日起来,柴进安排席面,杀羊宰猪,管待宋江,不在话下。

【实战操练】

1. 阅读选文(一)完成补空,并为此人写一个简介。

2. 阅读选文(二)找出作者运用的描写人物方法,并说说这样写的好处。

3. 比较上文三个人物的语言行为,分析三个人物的身份和性格特点。

【拓展训练】

选择班级里的一个熟悉的同学,为他(她)画个像,可以运用多种描写人物的方法。写完后互相交流,看看同学们能不能猜出你写的是谁。

第十讲：结尾收束有妙招

【技法要旨】

叙事的结尾十分重要。俗话说，编筐挝篓全在收口。恰当地收束文章，能给读者留下深刻的印象。

一般说来，叙事的结尾应力求简练、有力，能给读者留下回味和想象的空间。结尾的方法很多，《水浒传》中一回的结尾或者一件事情的结尾，往往以诗歌或赞文的形式，不过在一般的记叙文中较少采用。

最常见的结尾是交代故事结局后，加一点评论、抒情或描绘一下环境，以追求悠远的意境等。

【原著点析】

（一）

杨志先把弓虚扯一扯，周谨在马上听得脑后弓弦响，扭转身来，便把防牌来迎，却早接个空。周谨寻思道："那厮只会使枪，不会射箭。等他第二支箭再虚诈时，我便喝住了他，便算我赢了。"周谨的马早到教场南尽头，那马便转望演武厅来。

杨志的马见周谨马跑转来，那马也便回身。

杨志早去壶中掣出一支箭来，搭在弓弦上，心里想道："射中他后心窝，必至伤了他性命；我和他又没冤

雠，洒家只射他不致命处便了。"左手如托泰山，右手如包婴孩；弓开如满月，箭去似流星；说时迟，那时快；一箭正中周谨左肩，周谨措手不及，翻身落马。

那匹空马直跑过演武厅背后去了。

——节选自　第12回　青面兽北京斗武　急先锋东郭争功

这样的结尾有什么好处？

（二）

且说鲁智深自与武松在寺中一处歇马听候，看见城外江山秀丽，景物非常，心中欢喜。是夜月白风清，水天共碧。二人正在僧房里，睡至半夜，忽听得江上潮声雷响。鲁智深是关西汉子，不曾省得浙江潮信，只道是战鼓响，贼人生发，跳将起来，摸了禅杖，大喝着，便抢出来。众僧吃了一惊，都来问道："师父何为如此，赶出何处去？"鲁智深道："洒家听得战鼓响，待要出去厮杀。"众僧都笑将起来，道："师父错听了，不是战鼓响，乃是钱塘江潮信响。"鲁智深见说，吃了一惊，问道："师父，怎地唤做潮信响？"寺内众僧推开窗，指着那潮头叫鲁智深看，说道："这潮信日夜两番来，并不违时刻。今朝是八月十五日，合当三更子时潮来。因不失信，为之潮信。"鲁智深看了，从此心中忽然大悟，拍掌笑道："俺师父智真长老，曾嘱咐与洒家四句偈言，道是：'逢夏而擒'，俺在万松林里厮杀，活捉了个夏侯成；'遇腊而执'，俺生擒方腊。今日正应了：'听潮而圆，见信而寂？'俺想既逢潮信，合当圆寂。众和尚，俺家问

099

你,如何唤做圆寂。"寺内众僧答道:"你是出家人,还不省得?佛门中圆寂便是死。"鲁智深笑道:"既然死乃唤做圆寂,洒家今已必当圆寂。烦与俺烧桶汤来,洒家沐浴。"寺内众僧,都只道他说耍,又见他这般性格,不敢不依他。只得唤道人烧汤来与鲁智深洗浴,换了一身御赐的僧衣,便叫部下军校:"去报宋公明先锋哥哥,来看洒家。"又问寺内众僧处,讨纸笔写下一篇颂子。去法堂上,捉把禅椅,当中坐了。焚起一炉好香,放了那张纸在禅床上,自叠起两只脚,左脚搭在右脚,自然天性腾空。比及宋公明见报,急引众头领来看时,鲁智深已自坐在禅椅上不动了。看其颂曰:

"平生不修善果,只爱杀人放火。忽地顿开金枷,这里扯断玉锁。咦!钱塘江上潮信来,今日方知我是我。"

宋江与卢俊义看了偈语,嗟叹不已。众多头领都来看视鲁智深,焚香拜礼。城内张招讨并童枢密等众官,亦来拈香拜礼。宋江教把鲁智深衣钵并朝廷赏赐,出来俵散众僧,做了三昼夜功果,合个朱红龛子盛了,直去请径山住持大惠禅师,来与鲁智深下火。五山十刹禅师,都来诵经忏悔。迎出龛子,去六和塔后烧化那鲁智深。那径山大惠禅师手执火把,直来龛子前,指着鲁智深,道几句法语,是:

"鲁智深,鲁智深,起身自绿林。两只放火眼,一片杀人心。忽地随潮归去,果然无处跟寻。咄!解使满空飞白玉,能令大地作黄金。"

大惠禅师下了火已了,众僧诵经忏悔,焚化龛子,

在六和塔山后，收取骨殖，葬入塔院。所有鲁智深随身多余衣钵金银并各官布施，尽都纳入六和寺里，常住公用。

> 鲁智深的死十分神奇，但是这个结尾却十分普通。还有更好的结尾法吗？

——节选自　第 119 回　鲁智深浙江坐化　宋公明衣锦还乡

【实战操练】

1. 比较两个选文叙事结尾有何不同，你更喜欢哪个结尾。

2. 模仿选文（一）的结尾方式，改写选文（二）的结尾。

【拓展训练】

为下文"武松醉打蒋门神"补一个结尾。

武松大踏步赶将出来。那个捣子径奔去报了蒋门神。蒋门神见说，吃了一惊，踢翻了交椅，丢去蝇拂子，便钻将来。武松好迎着，正在大阔路上撞见。蒋门神虽然长大，近因酒色所迷，淘虚了身子，先自吃了那一惊，奔将来，那步不曾停住，怎地及得武松虎一般似健的人，又有心来算他。蒋门神见了武松，心里先欺他醉，只顾赶将入来。说时迟，那时快，武松先把两个拳头去蒋门神脸上虚影一影，忽地转身便走。蒋门神大怒，抢将来。被武松一飞脚踢起，踢中蒋门神小腹上。双手按了，便蹲下去。武松一踅，踅将过来。那只右脚早踢起，直飞在蒋门神额角上，踢着正中，望后便倒。武松追入一步，踏住胸脯，提起这醋钵儿大小拳头，望蒋门神脸上便打。原来说过的打蒋门神扑手：先把拳头虚影一影，便转身，却先飞起左脚，踢中了，便转过身来，再

飞起右脚。这一扑,有名唤做"玉环步,鸳鸯脚"。这是武松平生的真才实学,非同小可!打的蒋门神在地下叫饶。武松说道:"若要我饶你性命,只要依我三件事。"蒋门神在地下叫道:"好汉饶我!休说三件,便是三百件,我也依得。"